Benziger Broschur

Le Corbusier

Vom Sinn und Unsinn der Städte

Gedanken zur Städteplanung

Benziger Verlag

Aus dem Französischen übersetzt von Elisabeth Klein
Der Titel der Originalausgabe lautet:
«Manière de penser l'Urbanisme»
Denoel/Editions Gonthier, Paris 1970
Von der Originalausgabe wurden in der vorliegenden
Übersetzung folgende Teile nicht übernommen:
Applications et plans
Appendices I–III

© Fondation le Corbusier
Alle Rechte der deutschen Ausgabe vorbehalten
© 1974 by Benziger Verlag Zürich, Köln
Hergestellt im Graphischen Betrieb Benziger, Einsiedeln
ISBN 3 545 36158 6

INHALT

Einführung	7
1. Der Bereich des Bauens	12
2. Technische Gesichtspunkte – geistige Gesichtspunkte	17
3. Eine neue technische Gesellschaft	24
Die architektonische Revolution ist vollzogen	27
Atlas zur Anwendung der neuen Leitsätze für Architektur und Städteplanung	44
4. Mensch und Natur	49
5. Schaffung der Voraussetzungen	52
6. Schaffung städtebaulicher Einheiten für die industrielle Gesellschaft	66
Wohneinheiten	66
Arbeitseinheiten	74
Freizeiteinheiten	84
Verkehrseinheiten	85
Landschaftseinheiten	94
7. Siedlungsplanung unter Berücksichtigung landschaftlicher Gegebenheit	105
Die bäuerlichen Zentren	111
Die Industriestadt	112
8. Die drei hauptsächlichen modernen Siedlungsformen	122
9. Ideenskizzen zu einem Statut für Städteplaner und Architekten	129
Anhang	
Biographie	143
Die wichtigsten ausgeführten Bauwerke	145
Bibliographie	147
Anmerkungen	148

Einführung

Ein brutaler Umbruch, der in der Geschichte einmalig ist, hat in einem Dreivierteljahrhundert das Leben der westlichen Welt aus seinem relativ traditionellen, den geographischen Gegebenheiten angepassten Gefüge gerissen.
Der Sprengstoff, die Ursache dieses Umbruchs, war eine plötzlich auftretende Geschwindigkeit in der Produktion und in der Beförderung von Menschen und Gütern. Diese Geschwindigkeit brach in ein Leben ein, dessen Rhythmus bisher vom Tritt des Pferdes bestimmt worden war.
Die grossen Städte barsten vor Menschen, das Land entvölkerte sich. Die beiden traditionellen Siedlungen des Menschen, Stadt und Dorf, durchliefen eine Krise. Die Städte wuchsen formlos ins Unendliche. Die Stadt, als organisch gewachsene städtische Gemeinde, verschwand. Das Dorf, als organisch gewachsene, ländliche Gemeinde, verfiel. Durch die Berührung mit der Stadt geriet das Dorf aus dem Gleichgewicht und verödete. Es war, als habe die ganze Gesellschaft, berauscht von Geschwindigkeit und Bewegung, unbewusst begonnen, sich um sich selbst zu drehen.
Wie Drehscheiben liegen die Städte an den Kreuzungspunkten der grossen Durchgangsstrassen.

Die Plätze, die sie einnehmen, sind von eh und je
bestimmt, denn alle Strassen folgen dem Wasserlauf. Zuerst gab es den Pfad für Menschen, dann
für Pferde und Esel. Kanal, Eisenbahn, Königstrasse und Autostrasse folgen derselben Richtung.
An bestimmten Orten kreuzen sich zwei oder
mehr Strassen. Es handelt sich um dominierende,
prädestinierte Orte: Verteilungszentren für Waren,
Güter und Ideen. An diesen Verkehrsknotenpunkten haben sich die Austauschzentren angesiedelt: Marktflecken, regionale Hauptorte, Städte
und Hauptstädte. An diesen Durchgangsplätzen
haben sich Kaufleute mit ihren Bankiers getroffen.
Auch jene, die Gedanken austauschen: Gelehrte
und Lehrende, und die Künstler, die Leben zum
Ausdruck zu bringen suchen, wo es am lebendigsten ist. Ganz natürlich setzt sich die Obrigkeit
in einem solchen Zentrum fest.
Die Industrie hat sich aktiv und bedenkenlos an
diesen Orten niedergelassen, denn dort waren
Unterkunft, Lebensmittelversorgung und Arbeitskräfte zu finden, die tausend sozialen Hilfsquellen,
die eine dichte menschliche Besiedlung bietet.
Die Überproduktion lässt diese Städte schnell anwachsen. Stauungen drohen sie zu ersticken,
und sie muten den Menschen täglich den rasenden
Verkehr zu und machen aus Arbeitsplatz und
Wohnort ein heilloses Gemisch. Dicht aufeinander

folgende, stickige Fabrikanlagen verzahnen sich mit Mietskasernen, mit Werkstätten und Vororten.
Die Bevölkerungszahl ist angewachsen (dreieinhalb Millionen Einwohner in Paris, acht Millionen in London, sechzehn Millionen in New York). Das Netz der öffentlichen Verkehrsmittel wird laufend instand gehalten, um den täglichen Zustrom der Massen ins Stadtinnere zu gewährleisten. Alles wird täglich korrigiert, koordiniert, perfektioniert für den Menschen. Sein Vierundzwanzigstundentag jedoch ist hart, er lebt künstlich und gefährlich. Die natürlichen Lebensbedingungen sind abgeschafft! Die moderne Industriestadt ist ein Krebskranker, dem es gut geht!
Unmenschlichkeit charakterisiert unsere mittelmässigen, schlecht isolierten Mietsbehausungen. Die Strasse mit ihrem Lärm und ihrem dichten Verkehr ist ein Todfeind der Kinder. Viele Leute glauben, sie könnten den Nervenverschleiss und die übrigen Nachteile der Stadt dadurch kompensieren, dass sie in kleinen Häusern am Stadtrand wohnen. Dieses Ausweichbedürfnis ist berechtigt: die Absage an die augenblicklichen Verhältnisse unserer Städte bildet sogar die Grundlage einer Lehrmeinung, die alle grossen Architekten heute teilen. Doch wie wirkt sich dieses Ausweichen tatsächlich aus? In einer gesetzlosen Zellteilung

der kleinen Städte, die die schönen ländlichen
Gemeinden herabwürdigt, und in schwindelerregenden Unkosten (öffentliche Verkehrsmittel,
kompliziertes Strassennetz, Kanalisationsanlagen,
Postdienst). Diese riesenhafte Verschwendung
— Auflösung des Stadtbildes — stellt eine der belastendsten Aufgaben der modernen Gesellschaft
dar. Fünfzig Prozent des allgemeinen Arbeitsertrags werden vom Staat im voraus erhoben, um
diese Verschwendung zu bezahlen. Eine rationelle
Nutzung des Wohngebietes würde der Bevölkerung gestatten, weniger zu arbeiten.
Offensichtlich ist das kleine Haus mit seinem
Obst- und Gemüsegarten die Lieblingsvorstellung
der breiten Masse. Daraus ziehen die Geschäftsleute beträchtlichen Gewinn, indem sie das Land
in Parzellen aufteilen, Bauelemente fabrizieren,
Strassen und Kanalisationen bauen und Verkehrsfahrzeuge herstellen, die zur Verwirklichung
dieses bürgerlichen Traumes notwendig sind. Das
sogenannt kleine Haus überlastet die Hausfrau
mit häuslichen Pflichten, und überlastet die Stadtverwaltungen mit Unterhaltskosen. Immerhin
bleibt zugunsten des Einfamilienhauses der
gültige, ja heilige Begriff der Einheit der Familie,
die ihre "Naturbedingungen" wieder zu erlangen
trachtet.
Diese Naturbedingungen; *Raum, Sonne, Grün,*

sind die Grundlagen der heutigen Städteplanung.
Doch ein anderes Gesetz erinnert daran, dass
der Lauf der Sonne kurz ist: vierundzwanzig Stunden regeln die Tätigkeit des Menschen und bestimmen die zulässige Grenze für seinen Arbeitsweg. Das Gesetz des Vierundzwanzigstundentages
wird das Mass für jedes städtebauliche Unternehmen sein. Die Befürworter der Gartenstädte
verkünden: jedem sein kleiner Garten, sein Haus,
seine gesicherte Freiheit. Sie vergessen, dass
der Tag mit seinen vierundzwanzig Stunden unzureichend ist und verneinen das Naturgesetz,
dass die Menschen gerne Gruppen bilden, um einander beizustehen, um sich zu schützen und um
den Energie- und Kräfteverschleiss zu verringern.
Wenn sie sich, wie das heute der Fall ist, in Parzellen zerstreuen, dann erfüllt die Stadt ihre Aufgabe nicht mehr.
Wie soll man diese beiden Axiome vereinen? Wie
soll man einer ärgerlichen Zeitvergeudung abhelfen, wenn man die Natur in die Planung miteinbezieht? Wie kann man vermeiden, dass
unsere Städte sich ausdehnen und verdünnen,
ihre Gestalt und ihre Seele verlieren? In dem vorliegenden Band möchten wir versuchen, diesen
Fragenzusammenhang zu beantworten.

Kapitel 1

Der Bereich des Bauens

Wir müssen uns klar werden, um welches Problem es sich hier handelt: um den Bereich des Bauens. Die Baukunst ist durch die Schulen noch mit altmodischen Kunstgriffen und Gedankengängen beladen; sie ist Domäne von zwei Gruppen von Fachleuten: der *Architekten* und der *Ingenieure*. Daher erscheint die Baukunst der öffentlichen Meinung und den Politikern als eine verzwickte Frage, als ein Vipernnest, ein gordischer Knoten. Der gordische Knoten wird mit einer geschliffenen Waffe durchschnitten. Diese Waffe ist eine Armee: *die Erbauer.* Sie entscheiden den Streit. Wenn das getan ist, stellt dieser Begriff, der ein Programm zum Ausdruck bringt, Einigkeit her, führt zusammen, ordnet und wirkt. Einheit und Kontinuität durchdringen die gesamte Planung. Nichts mehr ist widersprüchlich. Der Erbauer ist in der Werkhalle und auf den Baugerüsten zu finden; er ist aber ebensosehr Denker und Erfinder wie Dichter. Jeder nimmt seinen nach Rang und Ordnung bestimmten Platz ein.
Der Städtebauer unterscheidet sich nicht vom

Architekten. Der eine gestaltet architektonische
Räume, er bestimmt den Platz und den Zweck
der Bauten und verbindet alles in Raum und Zeit
durch ein Verkehrsnetz. Der andere, der beispielsweise
eine Wohnung mit ihren Einrichtungen
entwirft, konstruiert ebenfalls Bauten, erschafft
Räume und entscheidet über Wegsysteme. Auf der
Ebene des schöpferischen Aktes sind Architekt
und Städtebauer eins.
Es gibt Tausende von Architekten in Paris, aber
nur wenige Städtebauer. Dabei handelt es sich
um einen Urbanismus, der noch im Anfangsstadium
ist, der bis jetzt eher retrospektiv, auf
nachahmende Anpassung bedacht ist, und der
sich ganz besonders mit dem Dekor beschäftigt.
Dekor im Sinne von Ausschmückung von Land,
Stadt und Dorf, und nicht einer zeitgemässen
Ausschmückung, sondern einer repräsentativen.
Und doch waren grosse Städteplaner vorangegangen;
sie hatten keinen Zeichenstift in der Hand,
sie befassten sich mit Ideen: Balzac, Fourier, Considérant,
Proudhon. Sie hatten empfunden, gedacht,
formuliert; daraus waren Prophezeiungen
geworden, die von den Gewohnheiten, den Tagesinteressen
überrollt wurden. Alles wurde wieder
aufgenommen, als andere kamen, die von anderen
Prämissen ausgingen, aber auch sie wurden überrollt.
Generationen setzten sich ein, bemühten sich,

eine nach der andern. Bis ein Ereignis ungeheuere Wellen schlug. Etwas wirklich Bedeutendes, Tiefgreifendes und Allgemeingültiges wurde Wirklichkeit: das Zeitalter der Technik. Die bitteren Früchte: die grossen modernen Kriege hinterlassen Ruinen, veranlassen die Katastrophen von morgen, wenden sich an die geistige Fähigkeit der Menschen damit das Leben nicht erlischt in den kurzen Fristen, die einer Gesellschaft zuweilen gesetzt werden, die aber genügen, um an Hunger, Kälte oder Verzweiflung zu sterben. Diese Frist erfordert Besonnenheit, Energie und Entschlossenheit. Die Einrichtung und Ausrüstung einer industriellen Zivilisation erfordert Unternehmen, die nicht vom Zufall und der Improvisation abhängig sind. Viele Dinge müssen ins Auge gefasst, geplant, in Auftrag gegeben werden. Es bedarf einer Doktrin, die weder zu detailliert noch zu flüchtig gezeichnet sein darf.

Was ist nach dem Kriege 1939—45 geschehen? Eine verständliche und instinktive Rückzugsbewegung fand statt, eine erneute Kontaktaufnahme mit der Tradition. Wo ist Tradition im Augenblick der Katastrophen, wenn nicht in den Reflexen die Spiegelungen früherer Reflexe sind? Wir haben uns also mit allen Kräften an das gehalten, was gewesen war, um "wieder Fuss zu fassen". Sodann haben wir noch einmal be-

dacht, was wir sind (Menschen), wer wir sind
(Angehörige einer Nation), was wir wissen und
können (Techniker) und was wir wollen (zur
Lebensfreude gelangen). Und wir fanden zwei
Hauptgruppen von Menschen: Aktive und
Passive; Uneigennützige und Eigennützige. In
Abhängigkeit von den beiden Polen des Empfindungsvermögens: in Einfallreiche und Konformisten — Dichter und Banausen.
An Talenten fehlt es in Frankreich sicher nicht,
jedoch an gutem Geschmack. Wenn andere Länder
keinen Geschmack haben, so hat Frankreich
angefangen, den schlechten Geschmack zu kultivieren. Die Schulen haben dazu beigetragen,
weil sie lehren, der Geschmack von ehemals könne
heute noch durch Nachahmungsverfahren angewandt werden. Immer noch herrscht Meinungsverschiedenheit, bei der Leute das Wort ergreifen,
die oft nur Journalisten, manchmal talentierte
Schriftsteller, meistens aber Geschäftsleute sind.
Jetzt, wo es darum geht, Städte zu planen, versuchen viele, die selbst keine Planer sind, die
öffentliche Meinung zu beeinflussen.
Dennoch wurden kurz nach dem Kriege wiederholt Leute auf dem Bauplatz eingesetzt und Architekten beauftragt, Aufbaupläne für Städte, Marktflecken und Dörfer zu entwerfen. So bekamen
sie die Sache in die Hand, fanden Geschmack am

Städtebau, wurden durch Übung Meister und wandten sich der Städteplanung zu.

Die zu Städteplanern gewordenen Architekten versuchen mit Einsatz und intensiver Bemühung den Lebensraum des heutigen Menschen möglichst angemessen zu gestalten.

Kapitel 2

Technischer Gesichtspunkt —
geistiger Gesichtspunkt

Es wäre besser, man hörte auf mit Worten zu spielen, Standpunkte als feindlich gegenüberzustellen, statt sie vernünftig und harmonisch abzustimmen.
Der technische Gesichtspunkt steht keineswegs im Widerspruch zum geistigen; der eine kann nicht ohne den anderen bestehen.
Die Technik ist zunächst die Summe der spontanen und unverbindlichen Erfindungen, die dem Zufall oder dem Laboratorium entstammen; sodann ist sie der Weg, der die Dinge zu unerwarteten, manchmal umwälzenden Ergebnissen hintreibt. Es gibt nicht kleine oder grosse Erfindungen, es gibt nur kleine oder grosse Folgen. Schiesspulver oder Buchdruck genügten, um eine Seite der menschlichen Geschichte umzublättern. Der Dampf, die Elektrizität, der Explosionsmotor haben das Industriezeitalter eröffnet. Wie weit wird sich diese Kraft entfalten? Finanzielle und geistige Interessen haben sich der kleinen und grossen Erfindungen bemächtigt: der rasch an-

steigenden Produktion steht die Unschlüssigkeit der Konsumenten gegenüber.

Die Bedürfnisse und Interessen bestimmen das Programm, entscheiden über den finanziellen oder moralischen Erfolg der Erfindungen. Es gibt fast nie eine gerechte Verbindung zwischen Erfinder und Erfolg.

Die Erfindungen sind die Voraussetzungen und Grundbedingungen des Lebens. Es stellt sich also die Frage: soll man Erfindungen nutzen oder nicht? Diese Frage wird heute auch von jenen gestellt, die unsere Bemühungen bekämpfen, um die Erfindungen zu verwerfen.

Aus Schwäche, Mangel an Mut, Einfallslosigkeit will man den Erfindungen den Weg blockieren, damit sie die Ruhe nicht stören. Um dies fertigzubringen, beruft man sich auf das Geistige und stellt es als Widersacher der Technik hin. Man hat behauptet, das Geistige würde durch die Erzeugnisse der Technik herabgesetzt, verwirrt, zerstört. Man hat sie als unversöhnbare Gegner gegenübergestellt. Ein Kreuzzug wurde unternommen. Alle möglichen Interessen waren im Spiel: man hat den Kampf auf die Ebene "Gott und Teufel" verlegt — Kampf des Geistigen gegen das Materielle. Und in der Stunde grosser Entscheidung, als die Zivilisation ihrer Bestimmung näher rückte, wurde sie boykottiert. Die technischen

Verfahren haben die Räume der Phantasie und der Poesie nicht zerstört. Durch die Präzision ihrer Messgeräte haben sie die vor uns liegenden Räume – und damit den Traum – auf phantastische Weise erweitert: die Weltenräume und die schwindelerregenden Tiefen des Lebens auf unserer Erde.

Man hat jedoch eine Trugwelt des Geistes geschaffen, in der der Geist die Freude am Erfinden, am schöpferischen Werk aufgibt und seine Befriedigung nur noch im Kult der Erinnerung sucht, einer Erinnerung, deren Gehalt zudem verfälscht wurde. Es wurden Dinge heraufbeschworen, damit sie in unserem Leben wieder mächtig werden sollten, indem sie den Wert unvergänglicher Errungenschaften annahmen. Das waren sie zur Zeit ihres Erscheinens tatsächlich gewesen und hatten schon damals die etablierte Ordnung und lieb gewordenen Gewohnheiten gestört. Aus Worten macht man Dinge, deren Sinn und Form festgelegt und unbeweglich gemacht wird, ein Glossarium von Ausdrücken, indem man sich auf die beständigsten Begriffe beruft, sie aber in Attitüden erstarren lässt: Dach, Dorf, Kirchturm, Haus; Stein, Holz, Erde; Hände, Herz und Seele; Vaterland, heimischer Herd. Die moderne Welt wurde durch diesen verbalen numerus clausus ausgeschlossen.

Hier als Beispiel eine bedeutsame Richtigstellung: die Messgeräte und die Forschung der Gelehrten beweisen, dass Felsen aus Milliarden kleinster Lebewesen bestehen, die früher die Meere bewohnten. Jedes dieser Lebewesen besass erstaunlich schöne Formen. Sie schichteten sich zu Millionen auf, um einen Kubikmillimeter Felsen zu bilden! Einer dieser einst lebendigen Felsen steht in Paris, die Steinbrecher nannten ihn "le banc royal", die Königsbank. An anderen Orten haben diese winzigen Wesen, nachdem sie durch geologische Vorgänge zerstört oder wieder aufgebaut worden waren, herrliche Landschaften, "immerwährende" Aussichtspunkte errichtet. Der Stein, der aus diesen Kalkfelsen gebrochen wurde, diente zum Bau von Häusern und Mauern. Es besteht also zu Recht, sagte man, eine zwingende Verbindung zwischen diesem Landschaftspunkt und diesen Mauern und Häusern. Indessen erklärt der Gelehrte unbefangen, dass, eingehenden Untersuchungen zufolge, dieser Felsen vor dreihundert Millionen Jahren in abgründigen Tiefen, zehntausend Meter unter dem Meeresspiegel entstanden ist.

Die Lektion hatte nicht darin bestanden, ein absolutes zu Recht bestehendes Band zwischen dem Schicksal eines Felsens und dem eines Hauses herzustellen, sondern darin, zu erkennen,

dass diese Felsen, die wir schön finden, ein
Wunder der Zellkompositionen sind, wirkliche
mikroskopisch kleine Kalksteinpaläste, die
mit Silikaten zusammengeschweisst sind. Und
dass die Natur *organischer Aufbau* ist in allen
Dingen, vom unendlich Grossen bis zum unendlich Kleinen. Und dass der Mensch Ermutigung
erfährt, wenn er sich durch seine Werke in Einklang gebracht hat mit den Naturgesetzen, wo
alles Geburt, Wachstum, Tod und Erneuerung ist.
Die Technik ist kein Widersacher des Geistes.
Sie ist eine seiner zugespitztesten Formen, nämlich die absolute Seite der Urteilskraft, der
logischen Schlüsse und der mathematischen oder
geometrischen Gegebenheiten. Das Geistige
nimmt eine von den Tatsachen und Erfahrungen
losgelöstere Stellung ein. Es liegt durch die
Urteilsfähigkeit, die Wertung, das "im Vergleich
mit" (im Vergleich mit uns, mit dem Menschen)
näher beim Bewusstsein. Zwischen diesen beiden
Polen fliesst das Leben im Zusammenhang, im
Aneinandergrenzen, in seiner Verkettung, in der
Fühlungnahme und nicht im Abbruch der Beziehungen, im Einklang und nicht im Widerspruch.
Die hier zitierten Zusammenhänge können zu
zwei Entscheidungen führen, die vernünftig, mutig
und aktionsfreudig sind:

1. Aufruf an alle technischen Kräfte, eine Basis zu schaffen, die der neuen Phase, in die der Mensch eingetreten ist, entspricht.

In der Wahl zwischen Ja und Nein für *Ja* stimmen, bedeutet, die Gewissheit gewinnen, dass wir Dinge erreichen, die zwar noch unbekannt sind, aber die Tiefen der Gegenwart harmonisch zum Ausdruck bringen. Wir stehen vor der Aufgabe, neue Dinge zu schaffen.

Nein sagen heisst, die gegen den natürlichen Lauf des Lebens gerichtete, in sich widersprüchliche Bemühung unterstützen, die glaubt, sie könne den Gang der Ereignisse aufhalten. Der Irrtum, sich an Dinge zu klammern, die längst das Feld der Gegenwart geräumt haben. Es heisst auch, verhindern, dass die moderne Gesellschaft ihrem Rhythmus gemäss lebt, und heisst infolge, die Unfähigkeit, die Unzulänglichkeit aufrechterhalten und die gegenwärtigen Gleichgewichtsstörungen samt der sozialen Frage zu belassen.

2. Der Aufruf ergeht auch an jene Werte, die zunächst menschliche Werte sind und erst in zweiter Linie nationale, regionale oder lokale. Der Wunsch, anders zu leben als in einer allgemeinen Zweideutigkeit, die das Tun aller belastet. Sich vielmehr um Lebensfreude bemühen, die das einzige wahre Ziel ist, das eine Zivilisation bestimmt; dieser Wunsch ist weltweit. Hieraus erwächst

jedem einzelnen die Verpflichtung zu einer Umgestaltung der modernen Welt. Die Gedanken sind der ganzen Welt zugänglich; es ist unbedingt erforderlich, dass die geistigen Mächte auf der Suche nach neuer Weisheit zur Konvergenz kommen.
Alle Hilfsquellen der technischen Verfahren und alle geistigen Werte liegen aufgefächert vor uns, in Berührung miteinander und von derselben Mitte ausgehend: vom Menschen — vom Menschen als körperlich-geistigem Wesen.

Kapitel 3

Eine neue technische Gesellschaft

Das 19. Jahrhundert hat die Ära der exakten, experimentellen und angewandten Wissenschaften eröffnet. Die Zahl der Maschinen vervielfachte sich, und die Lebensgewohnheiten änderten sich. Wirtschaft und Soziologie erfahren seither immer tiefer gehende Wandlungen, Vorzeichen entscheidender Umwälzungen.

Vor hundert Jahren hatte die erste Lokomotive einen Wagenzug über eine Eisenbahnlinie gezogen, die von einer Stadt in eine andere führte. Damit war in die Verkehrs- und Transportverhältnisse etwas Neues getreten — eine Geschwindigkeit, die unaufhörlich wachsen und deren Auswirkung sich auf den gesamten Bereich der menschlichen Tätigkeit erstrecken würde.

Diese Tätigkeit beruhte seit Jahrtausenden auf der Grundlage der vier Stundenkilometer, die der Schritt des Menschen, des Pferdes oder des Ochsen leistete. Von nun an steht diesem Rhythmus die fünfzig bis hundert Kilometerstunde der Fahrzeuge gegenüber, die dreihundert oder fünfhundert Kilometerstunde der Flugzeuge und schliesslich die Ge-

schwindigkeit von Telegraf, Telefon und Rundfunk.
Die Folgen liessen nicht auf sich warten: eine Unruhe ergriff die Menschen und das menschliche Denken. Auch die Waren und Rohstoffe wurden in diesen Wettlauf hineingerissen. Die Grenzen von Beherrschung und Kontrolle erweiterten sich. Ein neuer Rhythmus entstand, der jahrhundertealte Gewohnheiten zerstörte und neue Haltungen schuf. Unter Haltung verstehen wir hier ganz besonders die notwendigen Arbeits- und Ruhezeiten, die in den Zyklus des vierundzwanzigstündigen Sonnentages eingefügt sind, der den Rhythmus der menschlichen Tätigkeit regelt. Die gewohnten familiären und sozialen Verhältnisse wurden erschüttert.
Infolge der Technik schaffen Buchdruck, Radio und andere moderne Informationsmedien ein weltweites Kommunikationsnetz von Gedankenübermittlung, das allen Gliedern der Gesellschaft zur Verfügung steht. Gedanken, Bilder aus den Gebieten der Wissenschaft, der Kunst, der Geschichte und Geografie, der Wirtschaft und Politik werden verbreitet. Gleichzeitig bietet die technische Entwicklung nie dagewesene Möglichkeiten zur Informationsspeicherung.
Das Wissen wird demokratisiert, da es durch mechanische Verfahren verbreitet wird und weder

Grenzen noch Rücksicht auf früher bestehende soziale Klassen kennt. Jahrtausende hatte der Mensch im Schoss eines Universums gelebt, das einen Umkreis von fünfzehn bis zwanzig Kilometer um seine Behausung einschloss. Heute aber ist ihm die ganze Welt zugänglich gemacht.

Diese Erweiterung der Horizonte belebte den Durst nach Wissen, nach Analysen und Beobachtungen. Die erste Reaktion war Unruhe und Furcht vor dem Neuen. Als Antwort begann man die Vergangenheit zu untersuchen, um sich Sicherheit zu verschaffen. Die Archäologie — Herrin der Lage — forderte dazu auf, sich dem Schöpferischen zu versagen, und trug dazu bei, dass die *Lust am Erfinden,* die Lust und Freude am *schöpferischen Wagnis* verloren ging.

Handel und Industrie entwickelten sich in einem Tempo, das jede Voraussicht übertraf. In der Eile konzentrieren sich die Industrien willkürlich und blähen dabei die bestehenden Siedlungen unmässig auf. Die Städte werben mit verlockenden Angeboten, und das Land verödet zusehends.

Das Handwerk wird durch die Industrie abgelöst, der Handwerker durch die von einem Industrie- oder Hilfsarbeiter bediente Maschine. Die Familieneinheit ist zerstört. Jeder geht für sich zu irgendeinem Broterwerb, jeder hat andere Erlebnisse, die manchmal in heftigem Gegensatz

zueinander stehen. Der Zusammenbruch der
traditionellen Grundlage der menschlichen Beziehungen wird durch die entscheidende Feststellung veranschaulicht: wer heute konsumiert,
kennt den, der produziert hat, nicht mehr.

Die architektonische Revolution ist vollzogen

Das Buch des 19. Jahrhunderts mit seinen immer
genaueren Reproduktionsverfahren bringt eine
gewaltige Fülle an Dokumenten, die allen zugänglich sind. Unter einer solchen Lawine von Anregungen ist die Entwicklungslinie, die von der
Antike über das Mittelalter zur Klassik reicht, zerbrochen. Die technischen Mittel hingegen sind
unverändert geblieben: Stein, Ziegelsteine und
Holz. Erst in neuerer Zeit werden sie verdrängt
von Formstahl, Glas und Eisenbeton, die auf der
Sicherheit künstlicher und beständiger Materialien
beruhen: Stahle und Bindemittel.
Schulen werden geschaffen, die den neuen Wissenschaften dienen und Ingenieure ausbilden. Alles
wird erforscht: Neugier und Erfindung stehen in
Ehren. Die angewandte Wissenschaft entwickelt
sich.
Auto und Flugzeug ermöglichen neue Geschwindigkeiten, der Rundfunk informiert weltweit.

Doch schon bald ist der Mensch übersättigt und wird von seinen Erfindungen erdrückt. Er gerät in eine Abhängigkeit, die in der ersten Zeit der Industrialisierung begonnen hat und ihm ein gesundes Verhältnis zur Maschine und zum Fortschritt verunmöglicht.

Im Bereich des Bauens aber sind die wissenschaftlichen Entdeckungen zukunftsweisend und finden ihren Ausdruck in einigen Konstruktionsverfahren, die revolutionär zu nennen sind, nämlich:

1. Die Trennung der tragenden Funktionen (Stützen oder Balken) von den getragenen Bauteilen (Mauerfüllungen und Zwischenwände); das Skelett ist unabhängig (aus Stahl oder Eisenbeton); sein Fundament befindet sich im Erdgeschoss ohne Zuhilfenahme der traditionellen Grundmauern.

2. Die Fassade hat keine zwangsläufig tragende Funktion mehr, sie kann als einfache Membran angesehen werden, die das Innen vom Aussen trennt. Sie hat nicht mehr die Last der Fussböden zu tragen. Sie löst plötzlich ein Problem, um dessen Lösung man sich Jahrhunderte lang bemühte, nämlich ein Maximum von Licht in das Innere der Baukonstruktionen einzulassen. Von nun an kann die Fassade, bis zum Höchstmass von hundert Prozent, aus Glas sein.

3. Da das unabhängige Skelett des Wohnblocks

den Boden, auf den es sich stützt, nur mit einigen
Auflagepunkten berührt, kann jeglicher Aushub
mit dicken Grundmauern entfallen, so dass unter
dem Wohnblock freier Platz gewonnen wird.
Der so gewonnene Raum kann bestimmte Zwecke
erfüllen und dient der Lösung von Verkehrs-
problemen (man denke an das unentwirrbare Ver-
kehrsknäuel, das gegenwärtig durch das Gemisch
von Fussgängern und Kraftfahrzeugen entsteht).
4. Die Dachstühle aus Holzgerüsten können zu-
künftig durch Terrassen aus Eisenbeton ersetzt
werden, deren horizontale Oberfläche sich ausge-
zeichnet zur Anlage von Dachgärten eignet.
5. Das Innere des Baus wird nur von wenigen, in
grösseren Abständen gehaltenen Stützen getragen.
Der Grundriss ist völlig frei, die vertikalen Tren-
nungen (Innenwände) müssen nicht mehr von
Geschoss zu Geschoss übereinander liegen, wie
es bei den tragenden Mauern der Fall war.
Das ist, kurz gefasst, der Stand der bis heute durch
die modernen technischen Verfahren vollzogenen
architektonischen Revolution.
Es ist sicher, dass sich von nun an dem Architekten und Städteplaner, die eine Reihe von Problemen zu lösen haben, die als Folge der Erfindungen dieses technischen Jahrhunderts aufgetaucht sind, ungeheure Vorteile bieten.
Die architektonische Revolution stellt ihre Hilfs-

quellen der Umgestaltung zeitgenössischer Städte zur Verfügung.
Als Hinweis möchten wir noch einige der letzten Errungenschaften erwähnen, die unschätzbare Hilfsmittel zur Verfügung stellen.
In den USA ist die Höhe der Gebäude rasch gestiegen. Allein zwischen 1920 und 1940 stieg sie von hundert auf dreihundert Meter. Dabei wurde eine ganz neue Technik aus Beton und Stahl sowie Methoden zur Brandverhütung entwickelt. Andere Folgen sind: der perfekte Mechanismus der vertikalen mechanischen Bewegungssysteme; die Verteilung der Klimaanlage, die in den grossen Konstruktionen wie Eisenbahnwaggons, Ozeandampfer, in den Tunnels unter dem Hudson und beim Bau von Passagierflugzeugen durchgeführt wurde.
Die Eroberung der Höhe bringt die Lösung wesentlicher Probleme, die sich bei der modernen Städteplanung ergeben: die mögliche Wiederherstellung der *natürlichen Bedingungen* (Sonne, Raum, Grün); die Trennung von Fussgänger und Kraftfahrzeug; die Schaffung von Einrichtungen, die als *Erweiterungen der Wohnung* bezeichnet werden. Sie vereinfachen die Kindererziehung und bieten Jugendlichen und Erwachsenen neue Lebensformen. Sie erlauben, die zeitgenössischen sozialen Hilfsmittel neu zu organisieren, erfinderisch zusammenzustellen und zu verwirklichen. Sie werden

zum harmonischen Ausdruck einer technischen
Zivilisation, der sie nach einem Jahrhundert Entwicklung entsprechen.

Die vollzogene technische Revolution macht es
möglich, im Bereich der Architekten völlig neue
Wege zu beschreiten und neue Stilformen des
Bauens zu finden.

Es ist nützlich, sich drei wesentliche Ursachen
dieser grossen Umwandlung in Erinnerung zu rufen.
Da die Baukunst die Kundgebung des Geistes
einer Epoche ist, kann es nicht verwundern, dass
ein Teil dieser Ursachen aus dem Geistigen hervorgeht, nämlich:

a) die Einführung der Tragfähigkeit;

b) eine Evolution des Bewusstseins;

c) die ästhetische Erneuerung, die sich während
der ersten Periode des Maschinenzeitalters in den
bildenden Künsten vollzogen hat.

a) Das 19. Jahrhundert des Eisens, vom Pont des
Arts bis zur Tour Eiffel, vom Kristallpalast in
London bis zu den Palästen der Pariser Weltausstellung, wirft sein Licht in die Zukunft. Es
sind Errungenschaften, die sich in dauerhaften
Konstruktionen ausdrücken: die Nationalbibliothek von Labrouste, die Warenhäuser mit oder
ohne Fassade aus Eisen und Glas in Paris; der alte
Bon Marché, Printemps, Samaritaine. — In den
USA die ersten grossen "Buildings" von Sullivan

in Chicago, gleichzeitig Brücken von erstaunlicher Kühnheit wie die Brücke bei Garabit von Eiffel, die Washington-Brücke in New York und die Golden-Gate-Brücke in San Francisco.
Ein solcher Bruch mit dem Herkömmlichen und den konstruktiven oder ästhetischen Traditionen musste eine Reaktion der Akademiker hervorrufen. Man erinnert sich an das aufsehenerregende Manifest der sogenannten "Intellektuellen", in dem die Stillegung des Eiffelturmbaus gefordert wurde. Später folgte das allmähliche Verschwinden durch Zerstörung der Industriepaläste, der Maschinenhalle nach 1900, etc.
Wenn man es heute wie gestern behaupten oder bestreiten kann, die Eisen- und Glasbaukunst beleuchtet auf grossartige Weise die Möglichkeiten einer Epoche. Der Eisenbeton kam in Frankreich auf die Welt und entwickelte sich zunächst durch praktische Erfahrung. Erst um 1900 wurde die Eisenbetontechnik exakte Wissenschaft. Einige wollten den Eisenbeton den traditionellen Formen unterordnen. Aber Männer wie Baudot, Tony Garnier und vor allem Auguste Perret führen ihn endgültig in die Baukunst ein. Auguste Perret wird von seinen Kollegen verhöhnt, sie gehen sogar so weit, ihm den Titel Architekt streitig zu machen. Innerhalb von vierzig Jahren ist der Eisenbeton das neue Konstruktionsverfahren in

der ganzen Welt geworden, das bei den kühnsten Bauunternehmungen angewendet wird: bei Brücken, Fabriken, Staudämmen, bei traditionellen Palästen und Häusern. Er ist in die Baukunst des Einzelhauses, vor allem aber des grossen Wohnblocks eingegangen. Ebenso wird der Stahl von der Wohnbaukunst übernommen, nicht nur für grosse Wohnblocks, sondern auch um Serienhäuser und das von der Industrie vorfabrizierte Einzelhaus zu bauen.

Die Architekten der ganzen Welt weisen auf diese Verfahren hin. Und in Frankreich, der Wiege dieser kühnen technischen Verfahren, ist man jetzt noch nicht bereit, die gewonnene Freiheit und die neuen Hilfsmittel zu nutzen.

Parallel dazu entwickeln sich die technischen Verfahren im Bau von Eisenbahnen und Eisenbahnwagen, von Ozeandampfern und anderen Schiffen, Automobilen und Flugzeugen mit unglaublicher Schnelligkeit. Es ist das Ergebnis der vereinten Bemühungen aller Erfinder, die sich mit dieser Aufgabe befasst haben. Die Baukunst hat ihren festen Platz in diesen Bemühungen. Sie fügt sich in sie ein, offenbart sich und entdeckt neue Horizonte. Sie prägt viele Ideen und Verwirklichungen. Zwar stammt ein bedeutender Teil ihrer Erfinder aus Frankreich, aber geschätzt wird diese Bemühung vor allem im Ausland.

b) Die Frevel der ersten Industrialisierung haben seit der zweiten Hälfte des 19. Jahrhunderts zu einer Debatte geführt, deren Ziel es war, den genauen Standpunkt zu ermitteln, von dem aus ein besseres Gleichgewicht zwischen Mensch und Maschine ins Auge gefasst werden konnte. Nachdem in der Industrie die Maschinen die Herrschaft übernommen hatten, sahen sich die Menschen einem Leben gegen die Natur ausgeliefert. Wenn in der industriellen Eroberung die Maschinen wie Göttinnen unterhalten und gepflegt werden, werden die Menschen zunächst ihrem Schicksal überlassen.

Ein Jahrhundert des Dampfes, also der Steinkohle. Ein schwarzes Jahrhundert! Die Landschaften bedecken sich mit Fabriken und Wohnquartieren. Die Wohnungen werden in fieberhafter Eile gebaut und gedankenlos eingerichtet. Die menschliche Situation ist so tief erniedrigt, dass die Vorboten zukünftiger Revolutionen überall zu spüren sind. Propheten verschiedenen Ranges verkünden die grossen grundlegenden Reformen, die allein imstande sind, eine aus der Technik entstandene Zivilisation mit Harmonie zu beschenken.

Der Streit über Ästhetik beginnt.

Um 1900 entsteht aus dem architektonischen Schisma der Jugendstil, der "modern style". Ruskins eindrückliche Rede hatte seit 1850 einen neuen Bewusstseinszustand gefordert, der die Verantwortung für das Schicksal der Maschinenkultur übernehmen sollte. Auch die Künste meldeten sich zum Wort, ganz besonders jene, die der menschlichen Person sehr nahe steht: die Baukunst. Der kostspielige Prunk der offiziellen Baustile wird aufgegeben, die Wohnung des neuen Menschen wird einer Prüfung unterzogen. In der Wohnung schenkt man den Gegenständen, die Lebensgefährten sind, besondere Beachtung. Man vertieft sich in die Entdeckung der Natur, um die Last der von Jahrhunderten vererbten Kunstgriffe abzuschütteln. Eine ganze Generation hat sich dieser Aufgabe gewidmet. Es ist notwendig, diese Frage auf ihrem eigenen Gebiet zu stellen, denn es ist keine ästhetische, sondern eine sozial-wirtschaftliche Frage. Es handelt sich um Überbauung, für das Bauwerk um Sein oder Nichtsein. Die Städteplanung soll aus seiner Vergessenheit wieder erweckt und mit dem Leben der Gesellschaft verknüpft werden. In Zukunft sollen Städteplanung und Architektur — beide gegenseitig verantwortlich — die dreidimensionale Wissenschaft neu begründen, durch welche die Menschen physisch und empfindungsmässig in die günstigsten Bedingungen versetzt werden. Im zweiten Weltkrieg wird die ganze Welt spürbar vor eine Gewissensfrage gestellt. Es geht darum, durch alle

Verwirrung hindurch den *Sinn des Lebens* zu erkennen.

c) Technik und Bewusstsein sind die beiden Hebel der Architektur, auf die sich die Kunst des Bauens stützt.

Die bildenden Künste (Malerei und Bildhauerei) hatten im Laufe des 19. und 20. Jahrhunderts ihre einer allgemeinen Entartung verfallenen Ausdrucksmittel revidiert. Drei Generationen widmeten sich dieser Aufgabe. Es waren nacheinander der Impressionismus, der Fauvismus und der Kubismus (nebenbei sei bemerkt, dass diese Bezeichnungen bei den Gegnern dieser Bewegungen als Schimpfnamen galten).

Erst nach dem Krieg 1914–18 nahm die mit den neuen technischen Verfahren ausgerüstete Architektengeneration den Kontakt mit den bildnerischen Erfindungen auf.

Damals fanden Eisenbeton, Glas und Eisen die wesentliche Grundlage ihrer Ästhetik.

Ohne den letzten Krieg wäre das architektonische Experiment in der ganzen Welt üblich geworden. Spezifische, aus den klimatischen Verhältnissen und den Gewohnheiten erwachsene Eigenheiten hätten sich, durch die Einheit dieser erneuerten Kunst, gezeigt als Ausdruck einer menschlichen Gesellschaft, die gemeinsame Urelemente in sich birgt.

Wir leben mitten im Geschehen und durchschauen
es deshalb schlecht. Es fehlt uns an Massstäben
und Vergleichsmöglichkeiten, um den Sinn der
Evolution, ihre Intensität, ihre Hilfsquellen,
ihre unmittelbare Wahrscheinlichkeit und ihre
Einmütigkeit richtig zu beurteilen.
Um die neue Architektur zu disqualifizieren
haben ihre Gegner sie als international bezeichnet.
Damit geben sie zu, dass bei den Baumeistern in
allen Ländern Übereinstimmung herrscht. Und
genau dessen klagt man sie an, indem man dieser
Bezeichnung einen abwertenden Sinn unterschiebt.
Damit schmeichelt man dem reaktionären und
furchtsamen Geist, der sich bei dieser Veränderung der Schwachen bemächtigt hat. S. Giedion
schreibt in seiner grossen Geschichte der Architektur: SPACE, TIME, ARCHITECTURE and
CITY-PLANNING: "Die heutige Architektur besitzt zum erstenmal seit der Zeit des Barock
einen Stil, aber einen hinreichend weitmaschigen
Stil, der jeder Gegend und jedem Land Gelegen-
heit gibt, die eigene Sprache zu sprechen, wenn
sie dazu fähig sind."
Ein zeitgenössischer Stil existiert also. Woran er-
kennt man ihn? Die optische Veränderung, die
die moderne Gesellschaft durchgemacht hat, entstand aus den technischen Erfindungen: den
Widerstandsberechnungen und der Verwendung

von Stahl und Eisenbeton. Der Stahl löst das
Problem der Tragfähigkeit und entspricht den
wirtschaftlichen Bedürfnissen dank der Formeisen, die seit dem 19. Jahrhundert von der
Schwerindustrie hergestellt und entweder allein
oder in Verbindung mit Eisenbeton verwendet
werden. Eine Technik, die nicht nur die feinste
und genaueste, sondern auch die wirtschaftlichste
ist. Sie wendet die gegensätzlichen Eigenschaften
heterogener Baustoffe (Stahl und Zement) mit
gegenläufigen Spannungen (Zug und Druck) in ein
und demselben Stück an.

Zwei Ereignisse, die zunächst zeitlich getrennt
waren, sind heute vereint. Der Stahl wurde während
des ganzen letzten Jahrhunderts verwendet und
diente zum Bau riesiger Paläste und Brücken. Der
Eisenbeton, der erst 1900 gebraucht wurde, war
zuerst ein Rivale des Stahls beim Bau grosser
Kirchenschiffe und Brücken; nach und nach bemächtigte er sich des kleinen Hauses und der
grossen Wohnblöcke. In letzter Zeit nähern die
rivalisierenden Verfahren sich einander, um die
neuen Wohnprobleme auf wirtschaftliche Weise
zu lösen. Der Eisenbeton stellt den Kontakt
zwischen Betonunterbau und Baugrund her. Er
schliesst als Zwischengeschoss mit Flachdach
ab, das den Überbau der Geschosse trägt, ein
leichtes, ausgespartes Skelett, bei dem der Stahl

seine Rolle perfekt spielt. Stahl und Eisenbeton sind besonders zur Konstruktion von Skeletten bestimmt, die eine ungewöhnliche Leichtigkeit besitzen. Mit einem Schlag wird das Streben der Erbauer und der Ästheten nach Licht auf unerhörte und totale Weise erfüllt, weil die Fassade eine hundertprozentige "Glaswand" werden kann. Jahrhundertelang hatte man dies vergeblich versucht.

1. Ein unabhängiges Stahl- oder Eisenbetonskelett verkörpert am augenfälligsten die *Leichtigkeit* des neuen Stils.
2. Verwendung der durchsichtigen oder durchscheinenden Glaswand. Ihr Charakteristikum ist: *Licht und Klarheit.*
3. Die Tragfähigkeit von Stahl und Eisenbeton bringen die *Wirtschaftlichkeit* aufs beste zur Geltung.
4. Die neuen Grundrisse sichern eine gute Verteilung und Ordnung, die helle und luftige Räume möglich machen. Versorgung mit zweckmässigen Einrichtungen: Wasser, Gas, Elektrizität, Telefon, Entstaubungsanlage, Heizung, Lufterneuerung durch Kanalisation. Sie vermitteln *Leistungsfähigkeit.*
5. Das harmonische und funktionelle Zusammenspiel so vieler in den Bau eingeführter Anlagen verleiht dem Werk einen unbestreitbaren Charak-

ter von *Bündigkeit und Genauigkeit*.

6. Die Gerade ergibt sich aus den angewandten Mitteln. Der rechte Winkel dominiert. Bestimmte Bedürfnisse müssen berücksichtigt werden: zum Wohnen und Arbeiten müssen viereckige Zimmer oder Räume geschaffen werden. Die Eisenbetontechnik sorgt dafür (Stützen, Balken, gewölbte Platten, Füllkörper). Seit die Eisenträger entfielen, die in den Anfängen des Eisenbetons das Einfügen von Stütze und Balken übernahmen, ist die rechtwinklige Gestalt der Eisenbetonfläche in ihrer *Reinheit und Geradheit* deutlich sichtbar geworden.

7. Die Sehgewohnheiten werden erneuert: die früher notwendigen dicken Grundmauern werden abgeschafft. Die starken Stützpfeiler aus Stein oder Maurerarbeit werden heute von wenigen schlanken Zement- oder Eisenstützen ersetzt. Als diese erstmals verwendet wurden, glaubte man, sie könnten niemals als tragende Elemente empfunden werden und dem Beschauer das Gefühl von Sicherheit vermitteln. Jahre sind seither vergangen. Wir haben uns daran gewöhnt und haben erkannt, dass ihre *Eleganz* ein wesentliches Element des heutigen Stils ist.

8. Das Terrassendach mit Abfluss des Wassers nach innen bildet die normale Bedachung. Sie ist wasserdicht und ohne Risiko, besonders wenn

man einen Garten darauf anpflanzt, der den Beton und seine Eisengitter gegen die Ausdehnung absichert.

Flachdach, Terrassengarten und Abfluss des Wassers nach innen sind die umwälzendsten Erneuerungen der traditionellen Ästhetik. Ein technisches Ereignis von weltweiter Bedeutung, das allgemein akzeptiert wird.

Eine weitere Reform erschüttert alte Gewohnheiten: das gute, seit langer Zeit übliche und nützliche Kranzgesims, der prunkvolle Zusatz des schrägen Dachstuhls, kommt ausser Gebrauch. Es geht ja darum, das Wasser von der Terrasse nach innen, und nicht mehr nach aussen abzuleiten. Die allfälligen Glasflächen werden durch etwas Neues geschützt: das *Sonnendach,* das gleichzeitig auch Regendach sein kann.

9. Von nun an ist eine Neuverteilung der herkömmlichen Materialien möglich.

Im Fall des kleinen Einzelhauses, dessen Ausführung Sache der einheimischen Handwerker ist, wird das Herkömmliche und damit die traditionelle Einstellung auch weiterhin fortbestehen. Etwas ganz anderes ist es, wenn es sich um bedeutende Baukörper handelt.

Der Quaderstein wird nicht die Höhe erobern. Er bleibt in Kontakt mit dem Menschen in den baulichen Hilfsmitteln, die die Neugestaltung der Städte mit sich bringen wird. Das Holz, das nicht mehr für Dachstühle gebraucht wird, bekleidet von nun an die Wände der serienmässig hergestellten Bauteile und schafft eine Behaglichkeit, die früher nur den reichen Herren vorbehalten war. Die Metalle werden durch rostfreie ersetzt – Stahl, Aluminium.

So sieht die Baukunst aus, die heute in den Dienst der Stadtplanung gestellt wird. Diese wirkt durch die Art ihrer Programme auf den Baukörper, die Anordnung und die Verteilung der verschiedenen Konstruktionen ein.

Die Errungenschaften der Städteplanung werden den durch ihre Erweiterungen ergänzten Wohnungen, den Geschäftszentren oder einem Teil der Arbeitsstätten ein neues Aussehen geben. Die vertikalen Verkehrsmittel, deren einwandfreies technisches Funktionieren da gelingt, wo ein ausreichendes Ordnungssystem besteht, werden die vollkommene Ausnutzung der Wohnbauten gewährleisten und die wechselseitige Unabhängigkeit der Baukörper und der Verbindungswege auslösen. Ein bisher als Hirngespinst betrachtetes Unternehmen ist verwirklicht: *die Trennung von Fussgänger und Kraftfahrzeug.* Der Baukörper ist nun nicht mehr ein einfaches Überbleibsel, das sich aus der Kreuzung von drei oder vier Strassen ergibt; die Strasse ist nicht länger ein Korridor

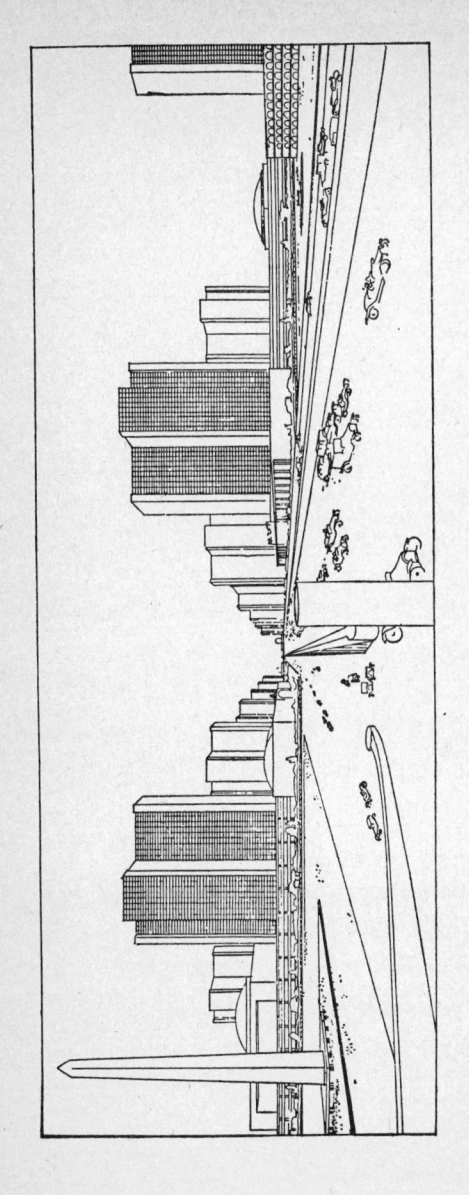

Abb. 1
Eine moderne Stadt: das Zentrum, von der Stadtautobahn aus gesehen. Links und rechts die Dienstleistungsgebäude, im Hintergrund die Museen und die Universität. Sonne und Licht über den Wolkenkratzern.

zwischen Häuser-Fassaden, in die sich unter Schwierigkeiten die verschiedensten Dinge ergiessen: Fussgänger, Pferde, Kraftfahrzeuge und Strassenbahnen. Das Ergebnis dieser Reform ist eine neue architektonische Gestaltung der Wohn- oder Arbeitsviertel mit freien Flächen. Wenn der Mensch seine technische Errungenschaft ausnützt, verfügt er über einen zeitgemässen Stil, der nun endlich seinem Wohlbefinden und seiner ästhetischen Befriedigung dient.

Anwendung der neuen Leitsätze für Architektur und Städteplanung

Um 1900 beantragt Tony Garnier in seiner CITE INDUSTRIELLE, die von einer meisterhaften Serie von Zeichnungen begleitet ist, zum erstenmal die Kommunalisierung städtischen Bodens. Er verficht die Idee von Gemeinschaftsanlagen, die allen Einwohnern zugänglich sind.
Einige Jahre später realisiert Auguste Perret seine ersten Bauten aus Eisenbeton, Träger einer neuen Ästhetik (Garage Ponthieu, Wohnblock in der Rue Franklin Möbellager für Gobelins).
Nach dem Krieg 1914–18 erscheint L'ESPRIT NOUVEAU, die internationale Revue für zeitgenössisches Schaffen. Sie nimmt sich in besonde-

rer Weise der architektonischen und städteplanerischen Probleme an und weckt ein Interesse, das die Landesgrenzen überschreitet. Diese (ethischen, ästhetischen, technischen und soziologischen) Leitsätze sind von einer Studie von Le Corbusier begleitet: UNE VILLE CONTEMPORAINE DE 3 MILLIONS D'HABITANTS ("Eine zeitgenössische Stadt von 3 Millionen Einwohnern", 1922 Salon d'Automne). Hier werden Probleme aufgeworfen, die bald von brennender Aktualität sein werden: die Wohnung (die Wohnzelle, die rationelle Parzellierung, die das zukünftige "Geländestatut" und die Bestimmung von gleichgrossen Wohneinheiten enthält). Die moderne Städteplanung berücksichtigt die Grundbedingungen der Stadt: Wohnen, Arbeiten, Erholen, Verkehr. Das Thema, Architektur und Städtebau, wird unermüdlich weiter verfolgt und führt 1930 zur Aufstellung des Leitsatzes der *"Ville Radieuse"*.

Im Jahr 1928 waren die CIAM (Congrès Internationaux d'Architecture Moderne) gegründet worden, die sich seit einigen Jahren mit Städteplanung befasst haben.

1933 schlossen die CIAM ihren IV. Kongress in Athen mit den "Feststellungen" ab, die 1943 unter dem Titel: DIE CHARTA VON ATHEN veröffentlicht wurden.[1]

Immer mehr verbinden sich Städteplaner und
Architekten, um gemeinsam die Fragen im Baubereich zu beantworten.

Diese Bemühungen waren direkt oder indirekt
mit den grossen Kundgebungen der geistigen Evolution verknüpft. Zum Beispiel der englische
Kreuzzug Ruskins und das Entstehen der Gartenstädte; die städtebaulichen Theorien von Camille
Sitten; Le mouvement d'art 1900 (Gaudi in
Barcelona, Otto Wagner und Hoffmann in Wien,
Berlage in Amsterdam, Van de Veld in Brüssel,
Paris und Weimar, de Baudot, Guimard in Paris,
Sant-Elia in Italien, Carl Moser in Zürich, Sullivan
als Vorläufer, Wright in Chicago). Die unaufhaltsame Entwicklung des Eisenbetons, die Konstruktion des Automobils, des Flugzeugs, des Ozeandampfers, das Erscheinen des Wolkenkratzers in
den USA.

Obwohl ein Teil dieser Ideen aus fernen Regionen
stammt, finden sich darin gewisse prophetische
Vorschläge Fouriers, die er um 1830 ausarbeitete.
Einige Vorschläge zur Planung von Industriestädten haben Ähnlichkeit mit einer alten spanischen Idee: die "lineare Wohnstadt", die auf
1880 zurückgeht und stillschweigend von der
UdSSR in ihrem Fünfjahresplan übernommen
wurde.

Die Vorschläge von Walter Gropius, gegen die

Kunstgriffe und den Konformismus, lösten eine bedeutsame Reaktion in der ganzen Welt aus: in Stockholm Sozialwerke, Wohnbaugenossenschaften, in Helsinki die Arbeiten von Alvar Aalto, Fabriken, Sanatorien, in Holland die Entwürfe zur Städteplanung von Amsterdam und eine allgemeine architektonische Erneuerung (Wohnhäuser, Fabrik Van Nelle, Büros, Wettbewerb zur Erstellung von Entwürfen für das Rathaus von Amsterdam etc.). In Antwerpen waren 1933 mehr als die Hälfte der Projekte des internationalen Wettbewerbs für den Städtebau des linken Escaut-Ufers vom Typ der "Ville Radieuse". In der Tschechoslowakei eine charakteristische Bewegung in Prag, in Brno und Zlin. In den UdSSR eine bodenständige Bewegung, der Konstruktivismus, der seit 1928 auch östliche Beiträge umfasst. In der Schweiz zahlreiche, über das ganze Land verstreute moderne Bauten, ganz besonders in Zürich, Bern, Genf, Basel. In Italien eine fruchtbare Aktion der CIAM in Mailand. In Johannesburg wird die architektonische Fakultät der Universität für die Lehre der CIAM gewonnen; London schliesst sich gegen 1932 an (Wohnblöcke, Ausstellungen, Entwürfe zur Londoner Stadtplanung). In Mexiko zahlreiche Bauwerke. In Rio de Janeiro erbaut eine aktive Gruppe der CIAM das Ministerium für Erziehung

und Gesundheit und stellt einen Plan für das
Universitätsviertel und zahlreiche öffentliche Gebäude auf. Dieselbe Aktivität findet sich in
Uruguay und Argentinien. In den USA entsteht
der charakteristische Wolkenkratzer von Howe und
Lescaze in Philadelphia; das Museum of Modern
Art in New York nimmt die in Paris hergestellten
Modelle für den Palast der Sowjets und die Planskizzen von Nemours, Algerien, in seine Sammlungen auf. Die Universität Harvard, Boston, übergibt den Lehrstuhl für Architektur einem Mitglied der CIAM. In Algerien bemüht man sich unablässig darum, dass eine Stadtplanung für Algier
und seine Provinz gemäss den Leitsätzen der
CIAM von der Behörde akzeptiert wird. Derselbe
Geist ist in Ungarn, der Türkei, in Polen, Jugoslawien und Griechenland zu finden. Als erste
hatten China und Japan diese Leitsätze praktisch
angewandt.

Es gibt kein Land, das nicht von dieser Erneuerung betroffen worden ist. Dieser Planungsgeist ist
Frucht eines neuen Bewusstseins, das im Laufe
der Industrialisierung entstanden ist und sich überall verbreitet hat. Einige Jahre der Entfaltung
werden genügen, um die durch Klima gebotenen
Eigenheiten natürlich wachsen zu lassen.

Kapitel 4

Mensch und Natur

Die städtebauliche Revolution verläuft nach einem ganz bestimmten Schema. Ein Teil derselben besteht aus Erfindungen im Bereich der Konstruktionsverfahren. Diese gehören noch dem letzten Jahrhundert an. Andere sind Ideen, die das Chaos im Städtebau zu überwinden suchen. Um dieses Schema auszuarbeiten, sind Leute notwendig, die fähig sind, neben Kritik auch Neues, Besseres zu bringen. Sie sind im eigentlichen Sinn Erfinder und Erbauer, die nicht auf Verallgemeinerungen hinzielen. Verallgemeinerungen sind dazu da, die Daseinsberechtigung neuer Begriffe zu bestätigen und nicht, diese zu entdecken oder zu erfinden. Der Prozess ist umgekehrt.
Was bedeuten die durch Jahrhunderte geschleppten Axiomen der drei Ordnungen der Baukunst. Wenn sie in unserer Existenz gegen jede Vernunft beibehalten werden, so sind sie nur falsche Zeugen. Um die Fragen zu beantworten, die unsere Zeit für ihre Bewältigung stellt, ist nur ein einziger Massstab gültig: *der Mensch*. Dieser Mensch ist von einer maschinendröhnenden Umwelt um-

geben, mit der er nicht mehr im Gleichgewicht ist.
Es ist Zeit, wieder zu den Ursprüngen zurückzukehren, die das Humane begründen. Der Mensch wird wieder als psycho-physiologischer Wert erkannt, und die Umwelt wird nach ihrer Natur erforscht. Es gilt, das Naturgesetz zwischen Mensch und Umwelt neu zu erfassen und uns wieder um Einheit zu bemühen. Damit Harmonie herrscht, muss derselbe Geist, der in der Natur wirkt, auch im Menschen wirken. Die Natur liefert uns unbegrenzte Möglichkeiten. In ihnen bekundet sich das Leben, deren Gesetzmässigkeiten die Biologie zusammenstellt. Alles darin ist Geburt, Wachstum, Entfaltung, Verfall. Das Verhalten der Menschen geht aus analogen Abläufen hervor. Baukunst und Städtebau sind die Mittel, mit welchen die Menschen ihrem Leben seinen eigenen Rahmen geben; sie drücken aufs genaueste die materiellen und geistigen Werte einer Gesellschaft aus. Auch hier beherrscht das Leben die Idee. Der Ausdruck Biologie ist höchst angemessen für Baukunst und Städtebau: Biologie gehört zu den Eigenschaften lebendiger Architektur und Städteplanung. Sie wirkt auf Grundrisse und Querschnitte der Bauten ein, koordiniert die Baukörper und entspricht den Funktionen. Das Leben entwickelt sich vom Innen nach dem Aussen.

Auch Architektur und Städteplanung gehen von dieser Einheit aus. Von jetzt an wird der Bereich des Bauens von Elementen bestimmt, die wie natürliche Organe zusammenhängen.

Die Einheit, die sich in der Natur und im Menschen findet, ist das Gesetz, das den Werken Leben schenkt. Sobald die Regel anerkannt und übernommen wird, haben die Rückstände keine Daseinsberechtigung mehr. Die Erneuerung vollzieht sich in den Naturereignissen, in der Jahreszeit des Sonnenjahres oder periodisch wie bei den Zivilisationen. Die spontanen oder in aufeinanderfolgenden Reihen auftretenden Erfindungen haben so kräftige Triebe entwickelt, dass sie die vormaschinelle Zivilisation zu Fall gebracht und einen neuen geistigen Standort hervorgebracht haben, der ein wirkliches Hilfsmittel in den Händen des einzelnen und der Gesellschaft ist.

Kapitel 5

Schaffung der Voraussetzungen

Die Voraussetzungen umfassen einige Erzeugnisse des menschlichen Scharfsinns, die dazu bestimmt sind, dem Menschen zu helfen: es sind die Wohnung, die Strasse und die Werkstatt.
Diese Voraussetzungen stehen im Dienst der Funktionen. E. T. Gillard reiht sie auf drei grosse Leitachsen auf; jede der Achsen stützt sich auf eine der drei Grundstufen der Evolution von Lebewesen, die mit Organen versehen sind. Es sind die drei Organe Magen, Sex und Kopf, welche die Nahrungsaufnahme, die Fortpflanzung und die Glaubensvorstellungen steuern. Auf die soziale Ebene verlegt, werden sie zu wirtschaftlichen, patriarchalischen und geistigen Werten.
Diese Dialektik möchte nur auf jene Sache zurückführen, die allein den Wortstreit überragt, nämlich: Voraussetzungen zu schaffen, die den Funktionen des Lebens gerecht werden, die aber auch einem höheren und doch erreichbaren Ziel dienen können: der *Lebensfreude*.
Die Voraussetzungen des Städtebaus werden die Formen architektonischer *Einheiten* annehmen,

die von biologischen Gesetzmässigkeiten bestimmt
sind. Das Mass des vierundzwanzigstündigen
Sonnentages begrenzt die Verteilung der Räume
und bestimmt unser Handeln. Körperkraft und
Gesundheit, eine dem Nachwuchs günstige Umgebung und Lebensfreude sind Themenkreise, die
wieder in andere unterteilt werden können. Sie
verlangen von Architektur und Stadtplanung Aufenthaltsorte und -räume, die präzis geformte
und zweckentsprechende Gegenstände und unentbehrliche Voraussetzung sind. Es sind wesentliche Tatsachen, Grundelemente des Baubereichs,
die in ihrer Einheit, ihrer Integrität und in ihrer
harmonischen Ordnung lebendigen Wesen gleichen.

Die "Troubadoure", die zu bestimmten Zeiten in
ihren Zeitungsspalten das Lied der alten Städte
und Landschaften singen, vermeiden es geschickt,
vom Los der "Verfluchten" zu reden, die im
Elend verkommener Mietwohnungen und verfallener Bauernhöfe hausen. Sie werden die öffentliche Meinung gegen die hier vorgeschlagenen Voraussetzungen aufhetzen, die die Lebensfreude
mit dem Schicksal des Landes, der Städte und
Dörfer verbinden wollen. Sie werden ihre ganze
Suggestionskraft aufbieten, wenn wir hier das
Inventar von Einheiten aufstellen, die mit der
Präzision von Regeln und Prinzipien erdacht sind,

die gestatten, Grundrisse zu entwerfen und durchzuführen. Die Voraussetzungen dienen unseren Funktionen, und aus diesen besteht das tägliche Leben. Schön wäre es — ist aber leider nur ein Wunschtraum — hörte man die "Troubadoure" von der Freude eines glücklichen Lebens singen, das sie im Geist der technischen Gesellschaft entdeckten, die nun endlich ihre eigenen Möbel besitzt und über ihre eigenen Lebensmöglichkeiten verfügt.

Die Betrachtung der Lebensform der Antike soll als Präambel für die Vorschläge dienen, die für unsere Zeit bestimmt sind. Sie wird uns zeigen, dass die Dinge zu Recht bestehen. Besteht solche Daseinsberechtigung nicht mehr, so verlangen die Vernunft oder der gesunde Menschenverstand, dass sie unseren Lebensraum nicht weiter mit ihrer Unbrauchbarkeit belasten.

Die Vernunft kann konzeptiv oder korrektiv sein, schöpferisch oder berichtigend. Sie ist korrektiv, wenn es gilt, Ordnung in eine Folge von Ereignissen zu bringen, die unabhängig voneinander entstanden sind und sich entfaltet haben. Sie ist konzeptiv, wenn der Geist das Unternehmen führt und wenn sie an der Aufgabe beteiligt ist, den Menschen durch die Stadtplanung die günstigsten Lebensbedingungen zu sichern. Ein Ereignis, das gewissen Zivilisationen, in gewissen historischen Momenten und unter günstigen Umständen zufällt.

Hier einige Formen schon bestehender Städteplanung: die römischen Festungsgürtel Galliens. Es ist das Prinzip einer beliebigen Form, die dazu bestimmt ist, Behälter einer Stadt zu werden. Ein inneres Verkehrsnetz sorgt für die Versorgung. In die Festungsmauern sind Tore eingelassen, von denen Strassen ausgehen, die ins Land hinaus führen. In der Planung unterzogen sich die Römer den strengen Anforderungen und den Wagnissen einer Voraussicht. Statt Wagnissen brachte diese Weisheit ihnen die Gewissheit ein, positive städtebauliche Elemente und günstige Bedingungen für die Bewohner zu schaffen.

Halten wir fest am Prinzip der Voraussicht, der voraus bestimmten Form als eine Art gemeinsamer Massregel zwischen einem menschlichen Modell und den natürlichen Gegebenheiten eines Geländes. Nachdem die Römer die Städte mit Mauern umgeben haben, bauen sie Türme, um diese zu verteidigen. Sodann führen sie von weit her Aquädukte durch das Land, um sich mit Wasser zu versorgen.

Mauern, Türme und Aquädukte werden eines Tages berühmte architektonische Sehenswürdigkeiten und später grossartige Ruinen sein. Doch das ist nur ein Ergebnis, die mögliche Übertragung einer nützlichen Absicht auf eine höhere bildnerische oder lyrische Ebene.

Die alte Römerstadt von *Rouen* ist zur mittelalterlichen Stadt geworden: Wälle, Wege und Plätze sind geblieben. Wo früher die Basilika des römischen Gerichtes lag, erhebt sich jetzt die Kathedrale. Die Brücke und die Strasse nach Süden, die Tore nach den vier Himmelsrichtungen zeugen trotz aller Veränderung der Stadt noch immer vom römischen Grundriss. Die weitere Entwicklung ist nicht mehr von dem schöpferischen Geist inspiriert, der die langsam erworbene Erfahrung jener Zivilisationen ist, die den Mittelmeerraum glanzvoll beherrscht. Im Gegenteil, sie ist dem Zufall der Improvisation einer Gesellschaft überlassen, die aus eingewanderten, barbarischen Völkern besteht. Rasch wird ausserhalb der Mauern der Rand der angrenzenden Feldwege oder der grossen Strassen mit Häusern eingeengt. Dadurch werden Grundrisse verewigt, die nur für ländliche Verhältnisse, nicht aber für städtische gedacht waren, und die im Lauf der Jahre die Entwicklung der Stadt schwer belasten. In letzter Konsequenz nämlich verhindern sie jede rechtwinklige Linienführung und erzwingen die krumme, gewundene Strasse. Diese Enge belastet noch die nachfolgenden Jahrhunderte

und sogar noch die heutige Zeit. Man hatte die Dinge einfach sich selbst überlassen, weil man aufgehört hatte, günstige Voraussetzungen für die Arbeit und das Leben in der Stadt zu schaffen.
Die Voraussetzungen im Mittelalter: der Wasserwall (die Seine); eine Insel wird als Stützpunkt gewählt. Es wird ein Befestigungsgürtel angelegt, der mit Türmen und Zinnen versehen ist. An der Stelle, wo das Tor sich öffnet, wird ein Kastell angelegt, um die Zugbrücke zu verteidigen, denn die steinerne Brücke über die Seine endet, bevor sie das Ufer erreicht. Auf der Insel ein zweites Kastell zur Verteidigung. Am äussersten Ende der zweiten Brücke ein weiteres Kastell, zwei Brückenbogen, dann wiederum eine Festung. Der letzte Brückenabschnitt ist aus Holz, damit er im Falle eines Angriffs rasch abgebrannt werden kann. Jenseits dieses vollkommenen, bis ins kleinste ausgedachten militärischen Verteidigungswerks beginnt der Faubourg (das ausserhalb des Befestigungsgürtels liegende Dorf), der geweiht ist.

Antwerpen im 17. Jahrhundert ist eine Handelsstadt. Seine bauliche Anordnung liegt klar vor uns. Es liegt an der Mündung der Escaut, auf der die Schiffe aus Indien und Amerika einlaufen. Dem Fluss entlang gibt es Verlade- und Löschplätze für die Ware. Seitlich des Escautufers breitet sich die Stadt aus mit regelmässig verteilten Strassen und Kanälen, mit den Docks und den Lagerhäusern. Im Zentrum die Altstadt mit den Residenzen der Kaufherren und den Wohnungen der Handwerker und Arbeiter, mit den Kirchen und der Kathedrale, mit dem Rathaus und dem Gildenplatz. Im Westen freies Baugelände. Und dann die Verteidigung; als erstes die Festung auf dem linken Escautufer, gegenüber den Docks, die sie mit ihrem Geschützfeuer deckt; sodann im Westen eine weitere Festung gegen das Fussvolk, das auf dem Landwege heranzieht; und schliesslich überall sonst befestigte Mauern, die die Stadt, ihre Docks und die zukünftigen Baugelände umschliessen. Es lässt sich nicht leugnen, dass diese Stadt hervorragend gut konzipiert wurde.

Wenn die griechische Stadt sich durch ihre Stadien, ihre Agora, ihren Markt, ihre Palästra, ihre Tempel in der Geradheit der rechten Winkel ausdrückte, ist die westliche Stadt während wild bewegter Jahrhunderte Schauplatz von Kämpfen, auch von inneren Kämpfen. Ihre optische Erscheinung verrät diese Gewalttätigkeiten, besteht sie doch nur aus Mauern, Zinnen, Kastellen und Türmen. (Abb. 2)

Abb. 2

Ein byzantinisches Motiv wird eingeführt, die Loggia, wo während der Mussestunden Schach oder Karten gespielt, musiziert, getanzt, Bankette und Feste gefeiert werden. (Abb. 3)

Abb. 3

Geweihter Bau: die Kathedrale. Das Schiff ist
eine aussergewöhnliche Errungenschaft von Reinheit, das Ergebnis eines fehlerlosen Konstruktionsverfahrens. Hier vereint sich die mathematische Gleichung mit dem Übersinnlichen und
dem Geheimnis des Glaubens.
Die Hülle aus Stein auf einem kühnen Skelett ist
gelegentlich stachelartig. Das steht der schöpferischen Kraft keinesfalls im Wege und gestattet
dem Geist, sich frei auszudrücken: Notre-Dame
de Paris und Notre-Dame de Rouen.
Die Grösse der Absicht verschmäht die materielle
Grösse nicht, und das beständige Streben des
Menschen nach Höhe triumphiert hier. Es ist eine
Botschaft der Kühnheit, ja sogar der Verwegenheit und nicht zuletzt der Schönheit.
Ein Bau von Grösse und Pracht, das Zeichen
einer geistigen Einstellung, die einmal eine Ausstrahlung besass.
Dieser rasche Rückblick bleibt mit besonderer
Aufmerksamkeit bei einem Baumodell stehen, das
sich immer wieder erneuert hat: die militärische
Verteidigung.
Die Beschaffenheit der Angriffswaffen bestimmte
die Art der Verteidigung. An die Stelle der Mauern
treten später Bastionen, viereckige Schanzen und
spitzwinklige Fleschen. Die Stadt blieb eingeengt.
Daher soviele Anlagen, die dem Wohl des Men-

Paris

Rouen

Abb. 4 + 5

schen entgegengesetzt sind: enge Strassen und Höfe.
Es kam der Tag, an dem die Angriffswaffen über die militärischen Festungswälle spotteten, und als das Flugzeug eine Tatsache geworden war, hatten die Festungen keinen Sinn mehr. Dieses

Ereignis liegt nicht weit zurück, es datiert von 1914. In Zukunft werden militärische Verteidigungen andere Formen annehmen, ironischerweise sogar die entgegengesetzte Form, indem sie genau das Gegenteil von dem machen, was traditionelle Verteidigungspläne vorsahen: die Luftverteidigung beansprucht grosse freie Räume, das Zusammenziehen auf schmale, aber hohe Gebäude, Abschaffung der Höfe. Das sind Forderungen, die wunderbarerweise und rein zufällig den architektonischen und städtebaulichen Initiativen entgegenkommen, die zwar aus anderen Ursachen hervorgegangen sind, aber doch ähnliche Dispositionen verlangen für den Wohnungsbau.

Es geht darum, eine Gesellschaft aus ihren muffigen kleinen Wohnungen herauszuholen, sich um das Wohlbefinden der Menschen zu bemühen, die materiellen Bedingungen zu schaffen, die auf natürliche Weise ihren Beschäftigungen angemessen sind. Grundbedingungen müssen geschaffen werden durch die Form und die Anordnung leistungsfähiger Einheiten, von denen jede in den Dienst von Funktionen gestellt wird, die den Tagesablauf ausfüllen oder ausfüllen sollten: Wohneinheiten, die die Wohnung und ihre Erweiterung enthalten; Arbeitseinheiten; Werkstätte, Fabriken, Büros; Einheiten zur

Körper- und Geistespflege; landwirtschaftliche
Einheiten, die die materiellen und geistigen
Faktoren eines bäuerlichen Standes gewährleisten
können: Schliesslich Verkehrseinheiten, die
alles miteinander verbinden.

Selbstverständlich wird man nach Leistungsfähigkeit streben, die aber nur als Funktion eines *Apriori* verstanden werden kann. Dieses Apriori ist hier nicht die Verherrlichung der technischen Verfahren, sondern ihr Einsatz zugunsten des Menschen. Nach der stürmischen ersten Periode der Technik ist dies die Einsicht einer neuen Philosophie. So wird beispielsweise heute, wo viele Menschen von den Geschwindigkeiten berauscht sind, das "Zufussgehen" wieder als etwas sehr Wünschenswertes und Notwendiges betrachtet, als ein Apriori, das bestimmt ist, den Stadtplan zu beeinflussen. Die Fliegerei, die Herrin der Kriege, ist im Frieden unsere höchste Lust. Das Apriori ist, dass der Himmel unserer Städte von ihr befreit sein sollte; denn ein ruhiger und freier Himmel ist eine Wohltat für die Menschen.

Diese geistige Wendung kommt darauf zurück, leistungsfähige Einheiten von ihrer inneren Anordnung her zu verstehen, und die Art ihrer zweckdienlichen Grösse zu berechnen. Die Bestimmung von *Einheiten konformer Grösse,* als Ergebnis der vollzogenen architektonischen Revolution und eines wiederbelebenden Städteplans stellt die gegenwärtige Aufgabe dar. Die Schaffung von Basismöglichkeiten, die aus Einheiten bestehen, welche in ihrer spezifischen Art befriedigend sind. Diese Einheiten werden innerhalb der Stadt das sein, was die Gemeinde innerhalb des Staates

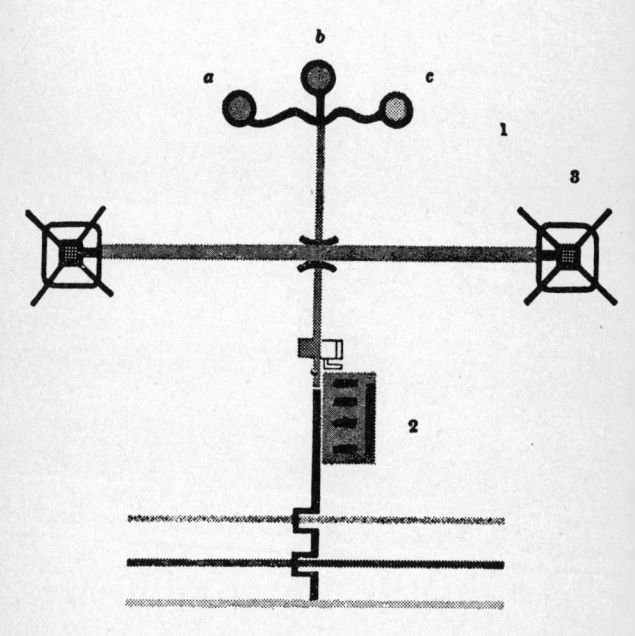

Abb. 6
Eine Einheit "konformer Grösse"
1 wohnen   *a horizontale Gartenstadt*
2 arbeiten   *b vertikale Gartenstadt*
3 sich ausbilden   *c Erweiterungen der Wohnung*

ist: die Verwaltungsgrundlage. Denn eine Einheit konformer Grösse verwaltet sich selbst vortrefflich.

Kapitel 6

Schaffung städtebaulicher Einheiten
für die industrielle Gesellschaft

Wohneinheiten:
Wohnung und Erweiterung der Wohnung

Wir sprechen hier von Wohneinheiten, die Menschen zur Verfügung gestellt werden. Sie sind auf psycho-physiologische Konstanten gegründet und haben das Ziel, die Existenzbedingungen zu erleichtern und die körperliche und geistige Gesundheit der Bewohner zu gewährleisten. Sie erstellen die zu einer gesunden Erziehung notwendigen Einrichtungen, bringen Lebensfreude und rufen eine soziale Gesinnung hervor, die für die Gemeinde von grösster Wichtigkeit ist.
Die Wohnung ist ein Behälter, der gewissen Gegebenheiten entspricht und nützliche Beziehungen zwischen der kosmischen Umwelt und den menschlichen Erscheinungen herstellt. In ihr wird ein Mensch leben, schlafen, gehen, hören, sehen und denken. Ob er sich ruhig verhält oder umhergeht, eine angemessene Wohnfläche und Raumhöhe sind notwendig. Möbel und andere Einrichtungsgegenstände sind dabei wie eine Ver-

längerung seiner Glieder oder Funktionen. Biologische Notwendigkeiten, die durch jahrtausendealte Gewohnheiten sanktioniert sind, und nach und nach sein Wesen geprägt haben, erfordern das Vorhandensein ganz bestimmter Elemente und Bedingungen: Sonne, Luft, Grün. Seine Lungen brauchen gute, reine Luft, seine Ohren genügend Stille, seine Augen günstiges Licht.
Selbst wenn die Wohnung diese Bedingungen erfüllt, dürfte das noch nicht genügen. Beim gegenwärtigen Stand seines Verhaltens und seiner sozialen Beziehungen bedarf der heutige Mensch ergänzender Dienstleistungen, die ihm durch Einrichtungen geliefert werden, die ausserhalb seiner Wohnung liegen. Man kann diese Dienste als *Erweiterungen der Wohnung* bezeichnen.

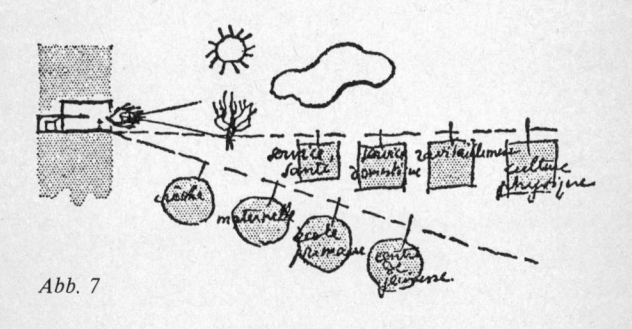

Abb. 7

Wir sagen Erweiterung der Wohnung, um deutlich zu machen, dass diese für ihn wesentlichen Bequemlichkeiten zu seinem täglichen Leben gehören und infolgedessen unmittelbar für ihn erreichbar sein müssen. Liegen sie zu weit entfernt, kommt es zu Überbelastung, Erschöpfung, Kräfteverschleiss; das sind keine vorübergehende, sondern tägliche Beschwerden, die ein Leben lang ertragen werden müssen.

Es gibt zwei Arten erweiterter Wohnungen. Zunächst die materielle: die Lebensmittelversorgung, der Haushaltsdienst, der Gesundheitsdienst, Pflege des Körpers; von geistiger Bedeutung sodann: das Säuglingsheim, der Kindergarten, die Grundschule, die Jugendwerkstatt.

Die nahe oder entfernte Lage dieser täglichen Hilfsmittel bewirkt in dem von vierundzwanzig Stunden bestimmten Zeitmass Annehmlichkeit oder Beschwerde.

Die Wohnung kann entweder ein alleinstehendes Einzelhaus sein oder zu einem grossen Wohnblock gehören und über einen organisierten Gemeinschaftsdienst verfügen. Die erstere scheint dem Bewohner völlige Freiheit zu geben, die zweite Beschränkung aufzuerlegen. Die praktische Anwendung beider Formen in einer Gesamtheit führt zu Ergebnissen, die sehr verschieden von der ersten voreiligen Schlussfolgerung sind.

Kommt nämlich die Funktion *Zeit-Entfernung* hinzu, wird es genau umgekehrt sein, sobald eine

gewisse Bevölkerungszahl erreicht ist, oder wenn
die Transportmittel innerhalb der Verkehrskanäle
versagen. Nur eine durchdachte Abschätzung
der verschiedenen Faktoren gestattet eine günstige Wahl zu treffen und jene Lösung zu finden,
die einen "menschlichen" Vorteil bietet.

Abb. 8

Die Abbildung 8 zeigt zwei Typen von Einfamilienhäusern, die verschiedenen gefühlsmässigen
Einstellungen entsprechen. Diese Formen sind für
kleinere Siedlungen geeignet. Man sollte sich
aber im klaren sein, dass dieselbe Form, wenn sie
in Grossstädten beim Bau von Gartenstädten
angewandt wird, durch die ungeheure Ausdehnung der bebauten Flächen zum Verlust des
Phänomens "Stadt" und dadurch zu der modernen Verschwendung (Transportmittel, Kanalisationen, Zeitverlust für den Bewohner) geführt hat.
Diese verschlingt riesige Budgets und belastet
die moderne Gesellschaft mit unerwarteten Verpflichtungen, die nichts anderes sind als moderne
Sklaverei, denn die Ausgaben können nur durch
entsprechende Mehrarbeit gedeckt werden.

Dieser Missstand ist nicht auf irgendeine Stadt beschränkt, sondern hat sich in der alten und neuen Welt ausgebreitet: Paris und seine Vororte, London, Berlin, Moskau, Rio de Janeiro, Buenos Aires, Sao Paulo, New York, Chicago, Algier.

Die Rücksicht auf die Funktion Zeit-Entfernung stellt die notwendigen Bedingungen menschlicher Existenz wieder her, und diese Rücksichtnahme wird gerade durch die heutige Evolution der Baukunst gefördert. Für bedeutendere Agglomerationen besteht die Reform in der Erbauung *vertikaler Gartenstädte,* welche die horizontalen Gartenstädte ablösen.

Die Anordnung der Elemente, die für die Wohnungen und ihre Erweiterungen notwendig sind, kann durch das folgende Schema ausgedrückt werden (Abb. 9):

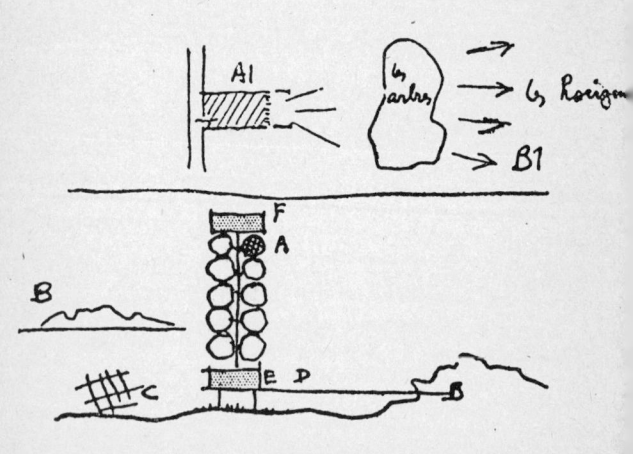

Die Wohnungen A und A1 stehen in ihrer natürlichen Umgebung: Sonne, Raum, Grün. Ihre Umwelt ist so, wie es die von der CIAM aufgestellte Charta von Athen seit 1933 verlangt und die durch die Stadtverwaltung verbürgt wird. Die natürliche Beschaffenheit des Bodens wird durch die völlige Trennung des Wegnetzes für Fussgänger von dem der Fahrzeuge aufs beste bewahrt.

So werden trotz vertikaler Anordnung der Wohnzellen die von den horizontalen Gartenstädten angestrebten Vorteile auch hier erreicht. Aber erst die Organisation der Gemeinschaftsdienste macht die Daseinsberechtigung vertikaler Gartenstädte vollends deutlich.

In C befinden sich weite Geländeflächen, die zur Verfügung stehen. Ein Teil derselben dient dem täglichen Sport (Marsch- und Laufstrecken, Ball- und Fussballplätze, Schwimmbäder etc.), ein weiterer Teil wird bei entsprechender Nachfrage für private Gemüsegärten reserviert. Die zusammenhängenden Gärten gestatten eine fast automatische Bewässerung und Berieselung. Die natürlichen Unebenheiten des Bodens werden zur Anlage von Gartenlandschaften benutzt. Die Fusswege und die Autobahnen sind voneinander getrennt und unabhängig. Das Verkehrsnetz, das in den Dienst der Wohneinheiten gestellt ist, wird bedeutend vereinfacht (Autobahnen als Viadukte, Halbdurchstiche, Durchstiche, Tunnels).

Die Entlastung von Hausarbeit, die früher die Familienmutter überhäufte, wird durch verschiedene Neuerungen erreicht: Einrichtung einer Verwaltung für Lebensmittelversorgung (in E) für jede Wohneinheit sowie eines Hoteldienstes für Hausarbeit und Küche, der in die Wohnung geliefert wird; in F die Anlage einer *Gesund-*

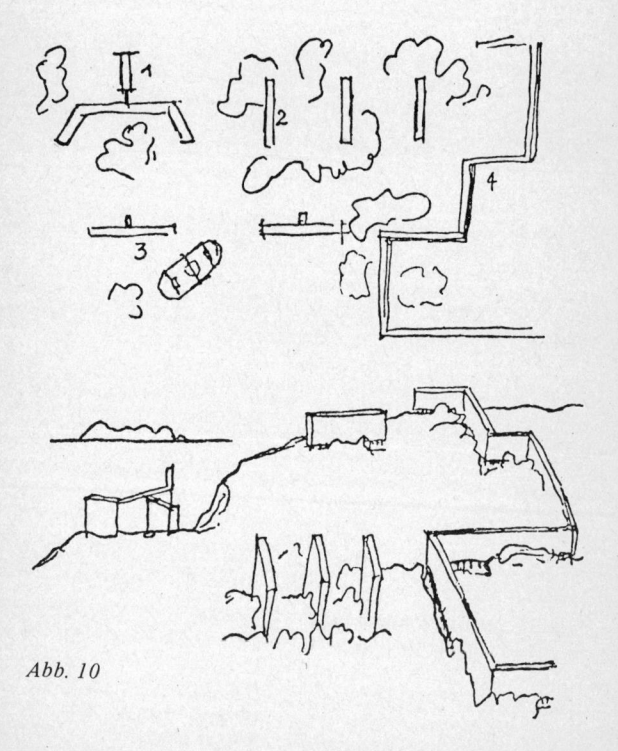

Abb. 10

heitseinheit, die aus Turnhallen, wasser- und sonnentherapeutischen Einrichtungen, einer präventiv-medizinischen Dienststelle mit Laboratorium, einer kleinen Klinik für Notfälle etc. besteht.

Aus der organischen und architektonischen Komposition der Abbildung 10 ergibt sich eine charakteristische Anordnung des ganzen Baukomplexes. Dabei handelt es sich keinesfalls um eine symmetrische Komposition, die um eine vertikale Achse liegt, denn ein wesentlicher Faktor der Wohnungen, die Besonnung, hängt von einer Funktion ab, die nicht kreisförmig, sondern frontal ist, und deren Höhe sich von der Wintersonnenwende bis zur Sommersonnenwende verändert. Die raumkörperliche Gesamtform wird eine Resultante aus der Verbindung menschlicher Biologie mit kosmischen Elementen. Eine geordnete, ihrem Zweck angepasste Haltung, die abwechslungsreiche Variationen zulässt.

Diese Abwandlungen werden von der Beschaffenheit der Landschaft, der Lage im Bezug auf die Himmelsrichtung und dem Klima diktiert: Baukörper vom Typ Y, Scheibenhochhäuser, Fronthäuser, und rechtwinklig vor und zurückspringende Häusertypen. (s. Abb. 10)

Man beachte vor allem, dass diese als wirkliche Einheiten erdachten raumkörperlichen Gebilde

architektonische Kraft, Schönheit und Glanz
ausstrahlen. Befolgt man diese Regeln, so werden
die Wohnbezirke einen Anblick von Klarheit,
Ordnung und Eleganz bieten.

Arbeitseinheiten

Rohstoffe werden in Werkstätten und Fabriken
verarbeitet.
Private oder öffentliche Verwaltungsarbeit wird
in den Büros geleistet.
Waren werden in Läden und Geschäften umge-
setzt.
Landwirtschaftliche Arbeiten werden auf den
Feldern verrichtet; sie erfordern jedoch Vorrich-
tungen zum Aufstapeln und Verteilen der Bodenprodukte und zur Unterbringung und Pflege
der Maschinen.
Werkstätten, Fabriken, Büros, Läden und Ge-
schäfte, landwirtschaftliche Ausrüstungen sind
eindeutig bestimmte Gegenstände, die ebenso
den Regeln der menschlichen Biologie wie denen
des Transportes und Verkehrs unterstehen.
Diese Einheiten bürgen für schnelle und sorgfältige
Ausführung der Arbeit, sie ermöglichen Eingang
und Abfertigung von Materialien und Ware. Sie
müssen den unerlässlichen hygienischen Bedingun-

gen entsprechen und sollten darüber hinaus dazu beitragen, Freude an der Arbeit zu gewinnen. Die Arbeit soll nicht als ein "Muss", eine Strafe oder als Abtragung einer Schuld verstanden werden. Da sie der eigentliche Schlüssel unserer Existenz ist, wäre es besser, wenn man sie freudig anpackte, wenn Organisation, guter Wille und Fantasie dazu beitrügen, die Arbeit als etwas Beglückendes zu empfinden. Das ist ja in gewissen handwerklichen oder freien Berufen der Fall. Vielleicht wäre es richtiger zu sagen, so ist es bereits für gewisse Menschen, die nach vollerer Verwirklichung ihrer Möglichkeiten streben und die Arbeit in einer neuen Sicht sehen. Man kann sich wohl vorstellen, dass sich nach einer materiellen und geistigen Bemühung um Ordnung eine ethische Haltung herauskristallisieren kann, die anders über die Lasten und Freuden des Lebens denkt.

Stadt: Werkstätten, Fabriken, Industriefabriken

Blanke Fussböden; gesunde Luft, Entstaubung, pünktliche Ankunft und Abfertigung von Materialien und Erzeugnissen. Die Werkstatt kann von einer, von fünf oder von hundert Personen belegt sein. Sie ist für handwerkliche Arbeiten bestimmt und kann im Dorf oder in der Stadt liegen. Es kann sich um Instandhaltungs- und Reparaturarbeiten handeln oder um eine schöpferische Tätigkeit. Die Werkstatt gehört zum Leben der Gemeinde oder der Stadt. Wenn es sich um Instandhaltung und Reparatur handelt, ist sie von den Wohngebieten abhängig (Installation, Schlosser, Schreiner, Elektriker). Handelt es sich um Fantasieerzeugnisse oder Handarbeiten, so liegt die Werkstatt im Zentrum der Stadt (Schneider-, Mode-, Lederwarengeschäfte, Juwelierarbeit, Goldschmiedekunst, Uhrmacherei, Schmelzkunst, Schmiedearbeiten). (Abb. 11)

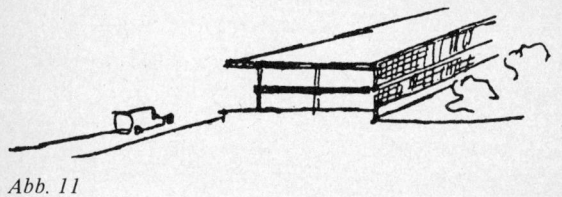

Abb. 11

Die Fabrik beruft sich auf dieselben Gegebenheiten, befindet sich aber auf einer ganz anderen Rangstufe. Sie kann eine grössere Zahl von Arbeitern einstellen. Die Aufsicht jedoch ist Sache einer Person, des Werkmeisters. Wie Versuche gezeigt haben, bestimmen die Entfernung, die er mit seinen Schritten während des Arbeitstages durchmisst, sowie die Begrenzung seines Blickfeldes genau die Fläche, die er zu überwachen imstande ist. Flächeneinheiten treten hier auf, die je nach Industrie verschieden sind. (Abb. 12)

Abb. 12

Diese können innerhalb eines Komplexes von Werkstätten zur Aufteilung eines Fabrikraumes führen. Sie können anderseits die Baumasse jeder Werkstatt des Fabrikareals bestimmen.
Ob es sich um Arbeitsplätze in Werkstätten von Dörfern oder in Fabriken von Linearstädten handelt, können diese je nach Architektur und Stadtplanung fröhlich oder entmutigend sein.
Beide können, wenn die Achtung vor der menschlichen Person mitbestimmend war, die neuen grünen Arbeitsgebiete bilden, die "grünen Werkstätten und Fabriken". Es obliegt der Verwaltung, die Initiative zu ergreifen, die an den Stadtplaner und den Architekten weitergeleitet werden

muss, damit das landschaftliche Element in die objektiv bestimmenden Gegebenheiten der Arbeitseinheit eingeführt wird. (Abb. 13)

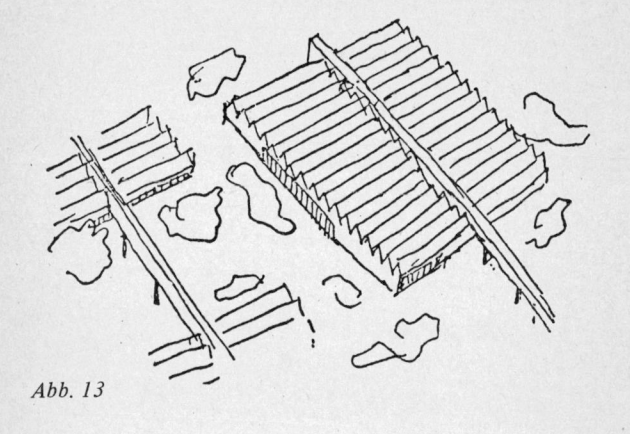

Abb. 13

Die Industrie verlangt verschiedenförmige Werkstätten, die dank Architektur und Städteplanung die Arbeitsbedingungen verbessern können. Es wird "grüne Industriefabriken" geben, in denen nicht allein die Maschinen als Werte angesehen und gepflegt werden, sondern wo die Menschen — und die menschliche Arbeit — Mittelpunkt fruchtbarer Überlegungen sind. Die Arbeit hört auf, eine Last zu sein.

Stadt: Büros, Warenaustausch

Das Büro liegt mitten im städtischen Verkehr. Als Ort vielfältiger Kontaktmöglichkeiten sollten die Büros nahe beieinander liegen. Tatsächlich haben sie sich bereits in allen Städten im selben Stadtviertel, dem "Geschäftsviertel", angesiedelt. Darüber hinaus streben sie danach, sich in einem einzigen Gebäude, einem Büroblock, niederzulassen. Das Geschäftszentrum gewährleistet Kontaktnahme, Unabhängigkeit, Zeitersparnis und Gewinn. Ganz gleich, ob es sich um private oder öffentliche Verwaltung handelt, die Zeit bekommt einen anderen Stellenwert: sie ist kostbarer.
Je nach der Bedeutung der Stadt, der Hilfsquellen oder Verpflichtungen, die sich aus dem städtebaulichen Grundriss ergeben, je nach einem gewissen Schönheitsgefühl, das die Wahl unter verschiedenen zulässigen Formen gestattet, werden die grossen Geschäftshäuser ins Zentrum verlegt; dieses besteht dann aus einer begrenzten oder unbegrenzten Zahl von Gebäuden, die speziell zu diesem Zweck entworfen und ausgerüstet sind, und eine *Büroeinheit* bilden, die sich manchmal auf ein einziges Gebäude beschränken kann, das dann den Kern der Stadt bildet. (Abb. 14)
Zwei Erscheinungen, die zeitlich verbunden sind, räumlich aber streng getrennt, bestimmen die

Abb. 14

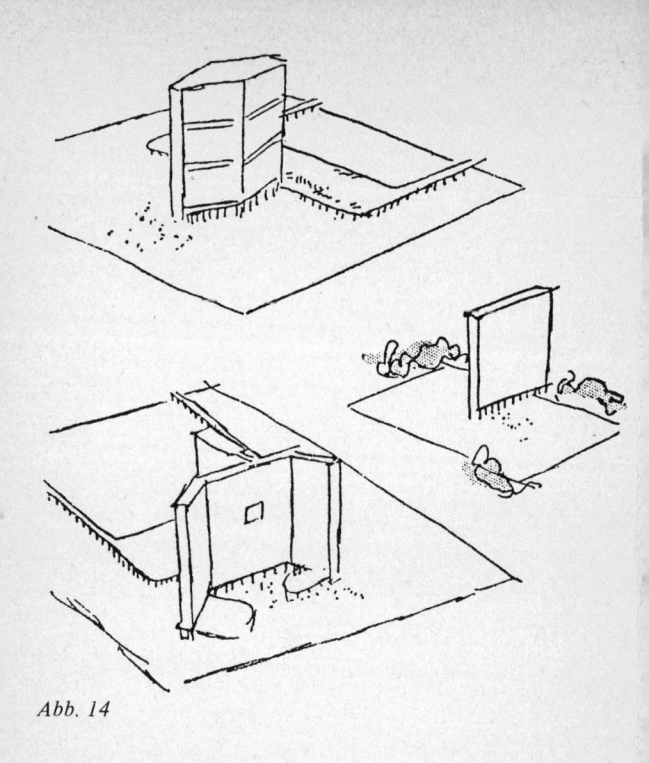

Biologie des Zentrums: der Bodenverkehr und die Arbeit in den Büros.
Das Zentrum bewirkt automatisch die stärkste Verkehrsdichte und den intensivsten Menschenstrom. Natürlich muss ein angemessener Raum für Verkehr und Parkplätze vorgesehen werden. Bisher sind die Zentren auf Privatinitiative und ohne jede städtebauliche Planung entstanden. Daher die unentwirrbare Situation von New York

oder Chicago, von Buenos Aires oder, in anderer
Form, von Algier, Paris und London.
Ebenso wie die Wohnung fügt sich das Büro in
eine gewisse Ordnung kosmischer Bedingungen ein.
Massgebend ist der Lauf der Sonne (aus der Himmelsrichtung ergeben sich Licht, Temperatur und
Strahlungen). Sodann braucht das Büro genügend
Luft und günstige Beleuchtung in jedem Raumteil, damit eine optimale Nutzung erreicht wird.
Die Kontakte nach innen und aussen machen
die Verkürzung der Entfernungen zu einer unerlässlichen Hauptbedingung (Regelung des horizontalen Verkehrs innerhalb des Stockwerkes und
des vertikalen Verkehrs durch Aufzüge und
Treppen). Die Form und die Fläche der Stockwerke sollen genau in Funktion der Begrenzungen
sein, die durch die Notwendigkeit rascher Kontakte geboten sind. Schliesslich scheint es noch
wichtig zu sein, über richtig beleuchtete und
zweckdienlich zusammengelegte Räume zu verfügen; diese ermöglichen es, den Flächeninhalt
oder die Zahl der Räume zu vergrössern oder
herabzusetzen, ohne die Festigkeit des Gebäudes
zu gefährden.
Man kann behaupten, dass niemals eine Einheit
genauer durch unwiderlegbar vorhandene und
bekannte Elemente definiert worden ist als das
heutige Geschäftszentrum.

Der Austausch, andererseits, ist eine Frage von Läden und Geschäften.

Ein erster wichtiger Geschäftszweig wurde bereits an nützlicher Stelle eingesetzt: die Lebensmittelversorgung ist eine mit der Wohnung eng verbundene Funktion geworden.

Bleiben noch die Läden, die eher mit dem Kunsthandwerk zusammenhängen, und die echten modernen Austauschstellen, die Warenhäuser.

Mehrere Formen werden vorgeschlagen, die je nach den Umständen verwendbar sind:

der mit dem Handwerk zusammenhängende Laden kann eine sinnvolle Stadteinheit begründen: die Strasse der Handwerker oder des Luxusgewerbes.

Diese Artikel entsprechen nicht dem allgemeinen, sondern einem sehr persönlichen Ge-

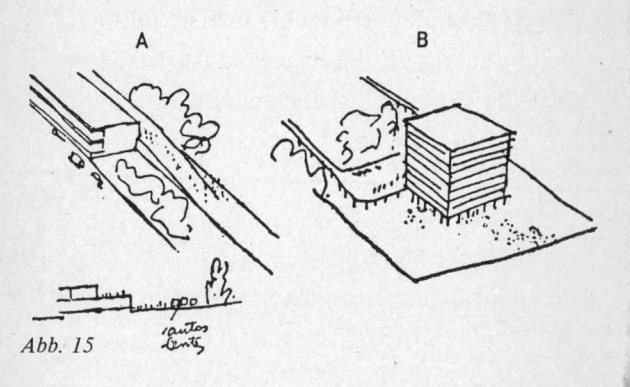

Abb. 15

schmack und erfordern besondere Ausstell- und
Schaufensterräume, die von einem modernen
und informierten Publikum besucht werden.
Diese Einheiten können die verschiedensten Formen annehmen, von denen jene in Abbildung A
charakteristisch sind.
Das Warenhaus ist nichts anderes als ein riesiges
Warenlager; zu ihm führen getrennte Verkehrswege für Fussgänger und Fahrzeuge (B).

Das Land: Landwirtschaftliche Zentren

Die Landwirtschaft braucht Gebäudeeinheiten
zur Aufnahme und Verteilung von Erzeugnissen
und zur Pflege und Reparatur von Maschinen.
Da ist der Silo für Getreide, Früchte und Gemüse.
Die Bodenerzeugnisse werden in genügenden
Mengen zusammengebracht, sortiert und nach
Qualität geordnet; die Lagerung ist befristet,
damit die Ernte sicher eingebracht werden kann
und der Bauer keine Absatzschwierigkeiten
hat. Die zunehmende Technisierung erfordert
geeignete Räumlichkeiten und den Dienst
spezialisierter Maschinenschlosser.
Eine in das bäuerliche Leben eingeführte neue
Arbeitseinheit bedingt besondere Formen ländli-

chen Zusammenschlusses, wie zum Beispiel die
Vereine, Verbände und Genossenschaften.

Freizeiteinheiten

Hier geht es um sehr unterschiedliche Einheiten.
Um sportliche Einrichtungen, die täglich benützt
werden und grosse Zentren volkstümlicher Vergnügungen, die Tausende von Personen fassen
können (Olympische Spiele, Turnfeste, Freilichttheater oder grosse Inszenierungen). Schliesslich
Einheiten für die geistige Freizeitbeschäftigung
(Bibliotheken, Theater und Klubhäuser, Konzert-
und Konferenzsäle, Ausstellungsräume und insbesondere für die heranwachsende Jugend Jugendzentren, -werkstätten und -klubs).
Die Architektur nimmt sich dieser mannigfaltigen
Dinge an und gestaltet sie.
Die Strassen werden sich in den Cafés, Restaurants und Läden erhalten, die, neu gestaltet und
geordnet, ihre volle Wirksamkeit entfalten. Sie
sind Treffpunkt der Schaulust und der Geselligkeit, fröhlichen Lärms und einer gewissen Unordnung, die zum Vergnügen gehört.
Der Sport wird seinen wesentlichen Anteil am
Boden haben, im Park und in den Wohnzonen:
Leichtathletik- und Ballspiele, Schwimmen,

Marsch, Kurz- und Langstreckenlauf. Ein anderer Teil dieser Einrichtungen befindet sich innerhalb der Wohnblöcke in den für Körperkultur, Sonnen- und Wassertherapie bestimmten Räumen. Einrichtungen, die alle genau beschrieben sind.

Verkehrseinheiten
Horizontale Verkehrswege

Ihre erste Aufgabe ist es, die Stauungen, die sich aus der Mischung von natürlichen Geschwindigkeiten (Schritt des Menschen) und mechanischen Geschwindigkeiten (Autos, Autobusse und Strassenbahnen, Fahrräder und Motorräder) ergeben, durch eine geeignete Ordnung zu vermindern. Daraus folgt weiter die Notwendigkeit, Parkplätze ausserhalb der Verkehrsbahnen anzulegen.
Das Wort *Strasse* versinnbildlicht in unserer Zeit die Verkehrsunordnung. Wir sollten dieses Wort durch *Fussgängerweg* und *Autobahn* ersetzen und diese beiden neuen Elemente aufeinander abstimmen.
Die Besiedlung des Bodens mit vorher genau durchdachten Einheiten konformer Grösse liefert die Gegebenheiten für das Verkehrsproblem.

Der Verkehr wird eingeteilt in:
1. Durchgangsverkehr (für Fussgänger)
2. Verteilungsverkehr (für Fussgänger)
3. Durchgangsverkehr (für Fahrzeuge)
4. Verteilungsverkehr (für Fahrzeuge)
5. langsamer Verkehr für Fussgänger und Fahrzeuge.

Das Fussgängernetz wird nach Strassenbreite und -führung bemessen und ausgerichtet. (Abb. 16)

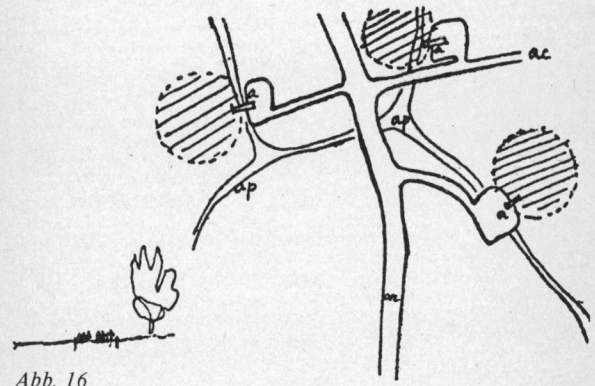

Abb. 16
Zwei unabhängige Netze: Fussgänger, Autos

Der Verkehr grosser Geschwindigkeiten gehorcht einer gebieterischen Regel: je schneller die Durchfahrt ist, um so gerader sind die Strassen und um so weiter die Kurven. Da der Wagenfluss konstant ist, sind das Anhalten und Parkieren auf der Fahrstrecke nicht erlaubt: An besonders gelegenen Stellen sind deshalb Parkplätze anzulegen.

Die Autobahnen selbst können verschiedene Formen annehmen: A, B, C, D, E, F, die unterschiedlichen Zielen entsprechen. (Abb. 17)

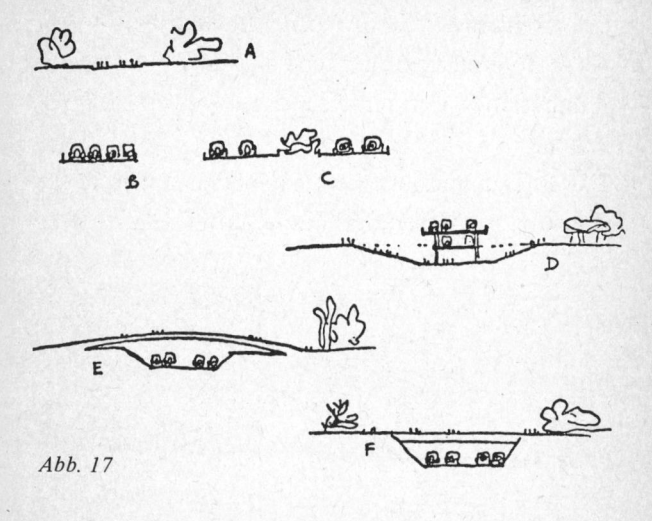

Abb. 17

Für rasche Fahrzeuge eignen sich bei Kreuzungen im Einbahnverkehr Verkehrskreisel oder Autobahnkreuze, die auf verschiedenen Ebenen ange-

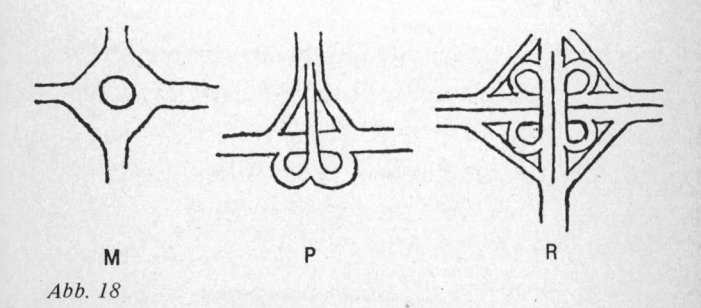

Abb. 18

legt sind. Eine Reihe von Fällen wird je nach
der Vielschichtigkeit der zu lösenden Probleme
folgendermassen eingestuft: auf gleicher Ebene
am Boden (M), oder auf verschiedenen Ebenen
(P, R), nach genau festgesetzten und ausgeklügelten Regeln. Die Autokreuze haben eine
wahrhaft wissenschaftliche Technik begründet,
die jede Willkür ausschliesst.

Es bleibt noch eine Regel für den Übergang der
Autobahnen in die Stadt oder in ländliche
Bezirke festzulegen.

In den nach und nach gebauten oder neuaufgebauten Städten durchqueren die Autostrassen die
Stadt im Durchgangsverkehr über das direkteste
und an die topografischen Verhältnisse gebundene
Netz, das aber unabhängig von den Gebäuden
oder Wohnblöcken ist, die mehr oder weniger nahe
gelegen sein können.

Die Verbindung zu diesen Wohnblöcken wird
durch ein Verteilernetz gesichert, das an die Durchgangsstrassen angeschlossen ist; jede an dieses
Verteilernetz angeschlossene Zubringerstrasse erweitert sich an ihrem Ende zu einem Parkplatz,
der von einer Garage begrenzt wird. Beides, Parkplatz und Garage, sind wesentliche Bestandteile
der Wohneinheit, Arbeitseinheit oder Freizeiteinheit. (Abb. 19)

Abb. 19
Autoverkehr

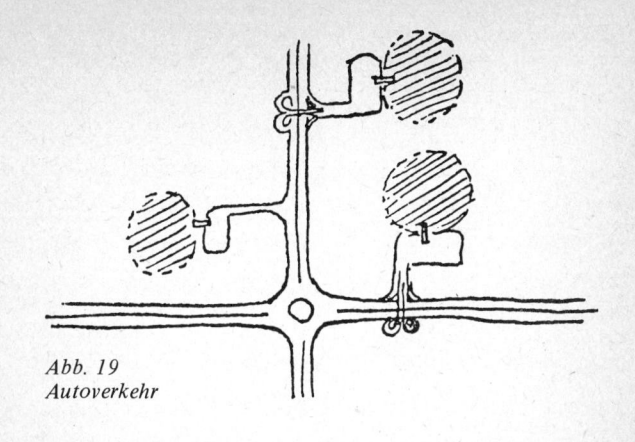

Nun können die beiden Netze, Fussgänger- und Autobahnnetz, verbunden und in Betrieb genommen werden. (Abb. 20)

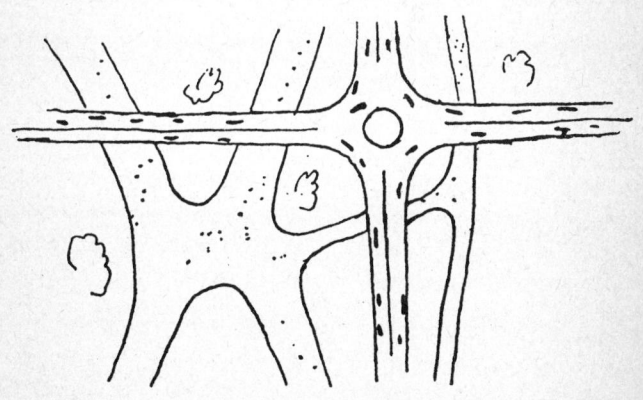

Abb. 20
Zwei Strassennetze

In der Stadt ist noch der Mischverkehr von Fahrzeugen und Fussgängern zu regeln. Es handelt sich um den langsamen Promenadenverkehr, der an ganz bestimmten Stellen lokalisiert ist: an den öffentlichen Dienststellen des Zentrums, Warenhäuser, Vergnügungsstätten, Cafés, Theater, Säle für alle möglichen Zusammenkünfte, die das Ziel der täglichen Spaziergänge des Stadtbewohners sind. Das Fahrverbot für Lastwagen, die Geschwindigkeitsbegrenzung von Autos und wenn möglich auch deren Fahrverbot erscheint hier als natürlich und unumgänglich. Der Fussgänger soll neben dem Auto Platz haben: weite Bürgersteige, freie Plätze und Terrassen vor den Cafés.

Ausserhalb der Stadt kommen zwei Strassenformen vor. Die erste Form ist die Autobahn, die zwei Städte durch eine bewachte, kreuzungsfreie Fahrbahn verbindet. Die Übergänge werden als untergeordnet betrachtet und kreuzen die Autostrasse nur über Brücken oder durch Tunnels.

Die zweite Form ist in den USA entstanden und heisst *park-way*. Ihr Prinzip besteht darin, Hauptstrassen quer durch das freie Land zu legen. Auch diese Strassen sind durch Verkehrseinrichtungen auf gleicher Ebene oder auf unterschiedlichen Ebenen kreuzungsfrei gehalten. Die Strassenfüh-

rung des park-way steht im Gegensatz zu den
Autostrassen und sollte vor allem eine erholsame
Strasse sein.

Diese Strassen erfreuen sich eines besonderen
Strassenrechtes. Sie sind strikt für Spaziergang
und Sport reserviert und schweren Lastwagen
und Gütertransportwagen untersagt.

Die heutige kostspielige Arbeitsmethode im
Wohnbau und ganz besonders im Strassen- und
Brückenbau ist die Ausschachtung und Aufschüttung. Sie steht im Gegensatz zur Technik der
park-ways, die sich den Naturgegebenheiten anpasst und damit eine eigentliche Landschaftsgestaltung ermöglicht. Dadurch, dass diese die
Verkehrswege klassifiziert und Ordnung schafft,
rettet sie schön gelegene Landschaftspunkte
und sichert den Bewohnern eines solchen Wohngebietes eine erholsame Umgebung.

Vertikale Verkehrswege

Die Einheit konformer Grösse für Wohnung,
Arbeit und Freizeit ist in den vermutlich meisten
Fällen ein direktes Produkt der Höhe. Tatsäch-

lich besteht die Lösung darin, dem Bau Höhe zu verleihen und dadurch freies Gelände zu gewinnen.

Dieser Anspruch wäre eine Anmassung, wenn die Technik des Höhentransportes auch nur das geringste Versagen zuliesse. Dem ist aber nicht so. Das Experiment wurde nicht in Europa gemacht, das durch seine Traditionen gehemmt ist, sondern in Amerika. Wer nicht mit eigenen Augen in den USA das Funktionieren der Aufzüge gesehen hat, wird immer in der Furcht vor möglichen Stürzen aus der Höhe leben. Amerika hat dieses Problem innerhalb von zwanzig Jahren gelöst. Im gleichen Zeitraum wurde das Problem der Überwindung der Schwerkraft gelöst.

In New York befördert die Metropolitan täglich acht Millionen Reisende, der Autobus und die Strassenbahn fünf Millionen. Die Aufzüge befördern täglich fünfzehn Millionen Menschen.

Das Rockefeller-Zentrum (der letzte bedeutende Wolkenkratzer New Yorks) hat hundertsechzig Aufzüge, deren Kabinen im Jahr 1,2 Millionen Kilometer durchlaufen, also das dreissigfache des Erdumfanges.

Das Geheimnis dieser Leistung liegt darin, dass der amerikanische Aufzug keine Panne kennt, denn er wird ausschliesslich von professionellem Liftpersonal bedient.

Um ein besseres Verständnis für die Benutzung von Aufzügen oder ihre Daseinsberechtigung zu gewinnen, genügt es, die Sache in folgender Weise zu betrachten:

a) Den Kostenpreis für die Fahrstrecke in Senkrechtkilometern pro Person ausrechnen und ihn mit dem Kostenpreis der Fahrstrecke in Horizontalkilometern pro Person vergleichen.

b) Der Differenz, die vielleicht zugunsten der Horizontalkilometer ausfällt, müssen nun die verschiedenen Nebenausgaben gegenübergestellt werden, die durch die Ausdehnung der Stadt bedingt sind: Bau- und Unterhaltskosten der Strassen und der Beförderungsmittel (Vorortzüge, Autobusse, Untergrund- und Strassenbahnen); Nebenausgaben, die aus zerstreut liegenden Wohnungen erwachsen, und schliesslich noch die Bewertung des Zeitverlustes durch die tägliche Fahrt. So wird die Wahl zwischen ausgedehnter und dichter Stadt und damit zwischen zwei Verkehrskonzeptionen zu treffen sein: in der Stadt inmitten von Parkanlagen zu Fuss gehen oder täglich eine, zwei oder mehr Stunden in Fernverkehrsmitteln zu verbringen. Die Antwort scheint folgende Lösung zu bringen: Der Mensch wird in seiner neugestalteten Stadt zu Fuss gehen. Er wird in die städtebaulichen Grundrisse neben den traditionellen Angaben metrischer Länge noch einen anderen Masstab eintragen: den des *einstündigen Fussmarsches.*

Landschaftliche Einheiten

Im Lauf dieser Analyse wurde die wesentliche Rolle hervorgehoben, die den Naturbedingungen beigemessen wird, denn diese sollen das Gegengewicht zu den künstlich entstandenen Faktoren herstellen.
Es ist also zweckmässig, den Bestand eines verfügbaren Naturkapitals aufzunehmen. Die Natur spielt eine wesentliche Rolle in der Funktion *Wohnen.* Sie ist ebenfalls gegenwärtig in der Funktion *Arbeiten* und spielt eine besondere Rolle in der Funktion *Körper- und Geistespflege.* Durch Stadtplanung und Architektur können schön gelegene Punkte und Landschaften in die Stadt einbezogen werden oder ein entscheidendes plastisches Element der Stadt konstituieren. Ein schöner Punkt oder eine Landschaft existieren nur durch die interpretierende Vermittlung der Augen. Es geht also darum, diese Elemente in ihrer Gesamtheit oder in ihren Einzelheiten auf die beste Weise gegenwärtig zu machen. Das Klima bestimmt das Gepräge der Landschaft, schreibt vor, was lebens- und entwicklungsfähig

ist; es ist stets spürbar gegenwärtig, sowohl in
dem, was den bebauten Raum umgibt, als auch
in den Gründen, die zu einem wesentlichen
Teil das Bauvolumen selbst bestimmt haben.

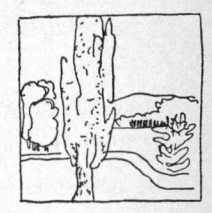

Abb. 21

Auch hier befiehlt die Sonne, und es herrscht
Einheit zwischen den Naturgesetzen und dem
Geist menschlicher Unternehmungen.
Die Bemühung um Einheiten konformer Grösse
hat die Anwendung architektonischer und städtebaulicher Elemente bewirkt, die alle durch die
modernen technischen Verfahren gerechtfertigt
sind und die materiellen Bedürfnisse erfüllen.
Klar dargestellte Organismen, die sich vom Innen
nach dem Aussen entwickeln, eine wahre Biologie aus Zement, Stein, Eisen, Glas. Unter dem
Druck der mechanischen Geschwindigkeiten
ist eine dringende Entscheidung geboten: die
Städte vom Zwang, von der Tyrannei der Strasse
zu befreien! Das ist heute möglich.
Ein Beispiel wird den durchlaufenen Weg begreiflich machen. Es ist der üblichen oder vielmehr

der modischen Städteplanung entnommen, so wie sie in den Schulen als beispielhaft gelehrt wird. Es ist die Methode der Neuverteilung zugunsten verbreiterter Strassen.

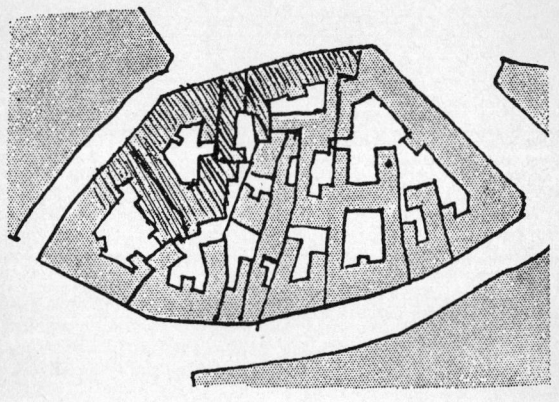

Abb. 22
Eine Strasseninsel mit Häusern

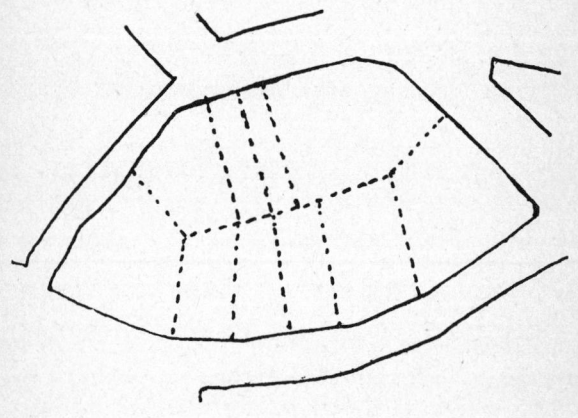

Abb. 23
Neuverteilung des Grundeigentums

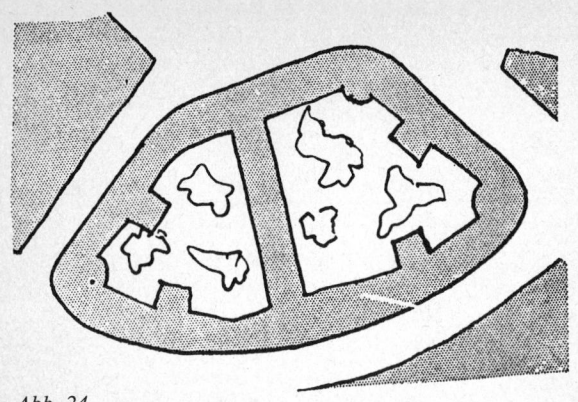

Abb. 24
*Neue Bauanordnung bestehend aus Wohnblöcken,
die sich nach Strassen oder auf Höfe hin ausrichten.*

Ergebnis:
1. Die Strasse bleibt ein Korridor, der gewöhnliche Durchgangsort für Fussgänger, Wagen, Autobusse, Strassenbahnen;
2. Die Fassaden bzw. ihre Fenster sind dem Lärm und dem Staub der Strasse oder der Höfe ausgesetzt;
3. Die Ausrichtung der Wohnungen nach der Himmelsrichtung bleibt willkürlich, abhängig von Strassenführungen, die mit dem Sonnenstand nichts zu tun haben;
4. Die Grünflächen dienen nur zur Verschönerung der Höfe, aber nicht zum Dekor der Strassen und bringen somit der Stadt keinen Gewinn.
5. Der vorgesehene Entwurf weiss nichts von

"Erweiterungen der Wohnung", die doch der Schlüssel des Problems sind.
Die Situation, die sich im Verlauf unserer Studie aus den hier entwickelten Prinzipien ergibt, führt im Gegensatz zu den obigen Ergebnissen zu der Lösung in Abbildung 25.
Wird sie auf die angrenzenden Inseln ausgedehnt,

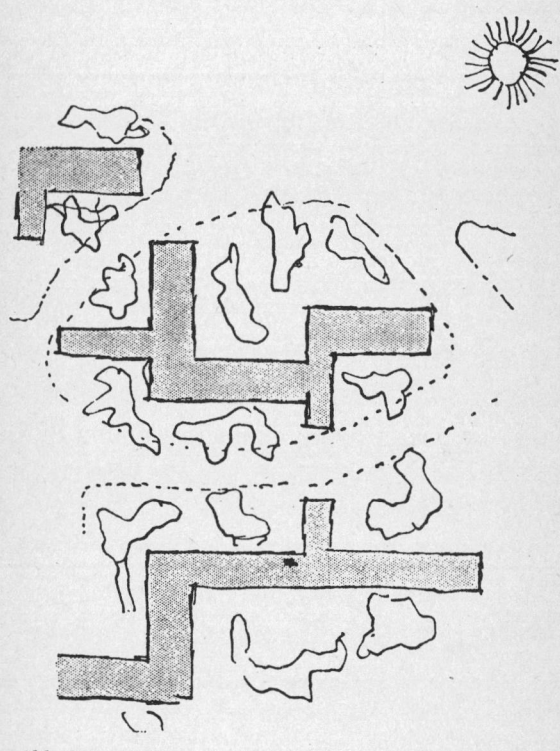

Abb. 25

so ergibt sich von selbst eine Freiwerdung von Nutzungsflächen mit Aufschlüsselung des Fussgänger- und Autoverkehrs. Die rationelle Orientierung der Wohnung im Bezug auf die Himmelsrichtungen geschieht ganz natürlich; für die Erweiterung der Wohnung finden sich über dem Erdboden zweckdienliche Freiflächen. Nach und nach verwandelt sich die Stadt in einen Park.

Im Verlauf dieser kurzen Studie über die Einheiten konformer Grösse haben wir in dem uns zur Verfügung gestellten Untersuchungsmaterial Gedanken entdeckt, die in allen Punkten mit denen übereinstimmen, die das eigentliche Rüstzeug unserer Doktrin bilden. Sie stammen von Forschern verschiedener Lebensalter und Nationalitäten.

Hyacinthe Dubreuil teilt uns mit, dass er sich eingehend mit dem Studium der Biologie der Arbeit befasst hat. Er hebt hervor, wie sehr sich unsere Lehre über Architektur und Städteplanung auf eine gesunde Biologie beruft, die alle ihre Teile organisch gestaltet.

Dr. E.T. Gillard, der die westliche Weisheit mit der des Fernen Ostens verglichen hat, beruft sich auf die Lebensfreude und forscht nach Harmoniegleichungen höheren Grades, die den Kontakt von Natur und Mensch ermöglichen.

Ch. Fourier, der erste Visionär des Industriezeitalters, nimmt schon vor mehr als hundert Jahren ebenfalls die Lebensfreude als Eichmass für seine Sozialbauten.

Descartes hatte der Menschheit eine neue Perspektive eröffnet, als er das Gesetz der Weltordnung formulierte. Es besteht eine Einheit zwischen den Werken der Natur und den Werken menschlichen Geistes.

Diese biologischen Gesetze, diese ständige Beschwörung des Lebens, die so materielle Dinge wie Bauvolumen oder Stadtpläne beleben, treten ebenfalls im Gesellschaftsleben auf. Victor Considérant, der sich zu Beginn der Industrialisierung mit diesen Problemen beschäftigte, sagte: "Die architektonischen Einrichtungen ändern sich mit der Art und Form der Gesellschaften, deren Abbild sie sind. Sie geben in jeder Epoche die innere Beschaffenheit der sozialen Lage wieder, sind deren getreue plastische Darstellung und kennzeichnen sie treffend."

Fourier war ihm vorausgegangen: "Für Bauwerke wie für Gesellschaften gibt es Methoden, die jedem sozialen Zeitabschnitt angepasst sind."

Aber die Zeit Fouriers und Considérants war noch nicht reif. Diese "Träumer" hatten beispielsweise geschrieben, das Haushaltswasser könne durch Metallrohre in jede Wohnung geführt werden. "Wahnsinn", hatte man ihnen geantwortet: "gibt

es dafür nicht Wasserträger, die gegen Entgelt
das Wasser jederzeit in den ersten, zweiten, ja sogar sechsten Stock der Häuser bringen?"
Der Mensch hat eine panische Angst vor Veränderungen; er kann nicht begreifen, wie man von
einer Sache zu einer anderen übergehen kann.
Angst ist der grosse Hemmschuh der Gesellschaften.
Die USA hatten bei der allmählichen Besetzung
ihres riesigen Territoriums die Städte gemäss dem
Schachbrettmuster ungefähr hundertzwanzig
Meter neben anderen alten Kolonisationen geplant. Ein paar Jahrhunderte später stehen Wolkenkratzer von zweihundert oder dreihundert
Meter Höhe auf beiden Seiten der Strassen, die
ehedem für den ruhigen Wohnungswechsel von
Menschen, Pferden und Ochsen gedacht waren.
New York oder Chicago sind in einem solchen
Grade überfüllt, dass man sich sagt: "Eine solche
Krankheit ist unheilbar."
Die Theorie der park-ways scheint zunächst nur
dazu bestimmt, den Menschenmassen, die in
das unerbittliche Spiel der Transportmittel einbezogen worden sind, ein Beruhigungsmittel
zu verabreichen. Tatsächlich traf man nur Millionäre, die in den schönen, entfernten Landsitzen des Connecticut, im Norden von New
York, wohnten.

Da das Connecticut durch die prächtigen Luxus- und Vergnügungsstrassen verschönt wurde, konnte man Betrachtungen über die relative Rangordnung der verschiedenen Strassennetze anstellen. Man begann einzusehen, dass die Geschwindigkeit von mehr als hundert Kilometer pro Stunde eine vorschriftsmässige Strassenverkehrsordnung und eine unerbittliche Disziplin erforderte.

Eines Tages begann der park-way die Stadt zu umschliessen: die Grenze New Yorks an den Hudsonufern war ein Ort von Verkehrszusammenbrüchen: von den Docks herkommende Karren, plötzlich auftauchende Ströme von Menschen und Waren stauten sich in heillosem Durcheinander an verschiedenen Stellen des Ufers bei der Ankunft oder Abfahrt von Ozeandampfern.

Dort wurde der park-way angelegt, der mit seinen verschiedenen Ebenen die zweckdienliche Einteilung bewirkte. Seine nutzbringende Planung war gleichwohl vom harmonischen Gleichgewicht von Natur und Technik beseelt. Dieser park-way am Hudsonufer legt einen prachtvollen Gürtel um die Stadt und macht der Unordnung noch ungelöster Hafen- und Verkehrsprobleme ein Ende. Und schon öffnen sich von dieser Stadt starrer Rastersysteme, die an eine Bodenordnung gebun-

Abb. 26

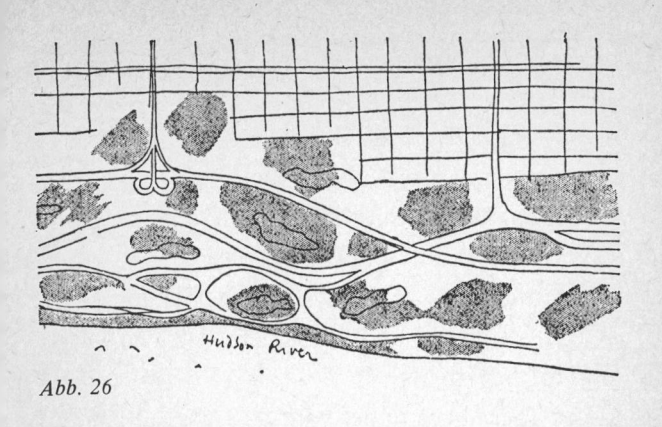

den ist und keine Parkmöglichkeiten kennt,
die Ausgänge auf den park-way.
In diesem Stadtkörper, der unheilbar zur Paralyse
verurteilt schien, ist ein neues biologisches Phänomen aufgetaucht. Noch ist es nur eine Umrandung der Stadt, aber Verzweigungen haben
bereits den Kontakt mit dem inneren Netz hergestellt. Eine Umwandlung, bei der die Stadt
mit einem gültigen System von Baueinheiten ausgestattet wird, scheint sich abzuzeichnen.
Amerika hat zur rechten Zeit den park-way entdeckt. Das unter der Erbschaft seiner hundertjährigen Städte erstickte Europa hat das Prinzip
einer wiederbelebenden Biologie des Bauvolumens entwickelt: die Einheiten konformer Grösse.
S. Giedion schreibt in seiner Geschichte der
Architektur: "Der park-way ist der Vorläufer der

ersten zur Entwicklung zukünftiger Städte notwendigen Reform: der Abschaffung der Korridorstrasse. Es ist kein Platz mehr für die zwischen zwei Häuserreihen eingeklemmte und von dichtem Verkehr überfüllte Strasse. Ein solcher Zustand kann nicht aufrecht erhalten werden. Der parkway bezeichnet die Stufe der Trennung, der Einordnung zwischen Verkehr und bebautem Gelände. Er ist das Werk, das jener Bewegung vorausgeht, die nach den unerlässlichen chirurgischen Eingriffen die verstopften Städte auf eine normale Ausdehnung einschränken wird. Dann wird der park-way ins Zentrum führen, es durchlaufen, wie er jetzt das Land durchläuft, ebenso frei wie demnächst auch der Grundriss der modernen Wohnung sein wird."[2]

Kapitel 7

Siedlungsplanung unter Berücksichtigung landschaftlicher Gegebenheit

Der Baubereich, Architektur und Städtebau, ist das getreue Abbild einer Gesellschaft. Die Bauobjekte sind höchst aufschlussreiche Dokumente. In Zeiten des Umbruchs ist ein grosser Teil der Bauten nur in den Entwürfen der Vorläufer aufgezeichnet. Trotzdem haben diese Grundrisse einen absoluten Wert und verdienen die gleiche Aufmerksamkeit wie die ausgeführten Beispiele, weil sie eine Grundlage von unbestreitbarer Sicherheit geschaffen haben.
So können zu jeder Zeit erfinderische Menschen, die zur Erfüllung dieser Aufgabe prädestiniert sind, die Wege von morgen erkennen und damit einer Gesellschaft ermöglichen, ihren Auftrag auszuführen.
Der Gang der Dinge ist eigenartig. Er gleitet spielerisch Spuren entlang, die unerwartet, paradox oder längst verfallen sein können. Er kommt und geht, kehrt in frühere Zeitalter zurück, durchquert die Geografie. Eine Linie, ein Schema gestatten die Darstellung eines Gedankens, eines Zyklus, einer Epoche, selbst einer zukünftigen,

aufs Papier zu bringen. Die Figuren bilden eine Gleichung: mit algebraischen Regeln. So erscheinen die Führungslinien der zukünftigen Entwicklungsstufe, deren Richtung aber nicht für alle sichtbar ist.

Versetzen wir uns in ein grosses Gebiet geografischer Vielfalt. Die Verkehrswege erlauben, das Land in Besitz zu nehmen und zu bewohnen.

Von den Ausgangspunkten lässt man grosse, bis ins Zentrum des Gebietes vordringende Strassen ausgehen, die ein Muster von sternförmigen Diagonalen und Rhomben bilden.

Wir wollen die Struktur dieses Netzes untersuchen: die Diagonalen und die rechtwinkligen Geraden bestimmen Teilstrecken, deren letzte ein rechtwinkliges Dreieck A oder ein beliebiges Dreieck A' einschliessen, je nachdem, ob die Verbindungswege sich in einem Stern von sechs oder von acht Spitzen überschneiden.

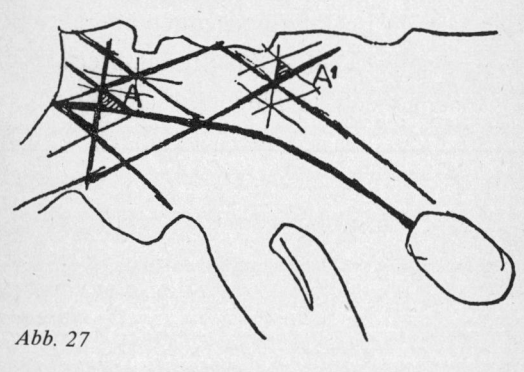

Abb. 27

Daraus ergibt sich eine Parzellierung auf dreieckigen Haupteinheiten A oder A'. Hier scheint die Strassenverkehrsordnung verankert.

Jedes Landgebiet von genügender Grösse kann durch ein solches Dreieck dargestellt werden, das zwischen den Abhängen liegt und sich nach unten auf eine ausgedehnte Ebene öffnet, die geradlinig über einem Küstenstrich liegt. Dasselbe Phänomen teilt nun die Abhänge und bildet dieses Mal Dreiecke von unterschiedlicher Grösse, in deren Tiefe ein Wasserlauf oder Giessbach abwärts fliesst. Alle vereinigen sich in einem Fluss, der ins Meer mündet.

Der Streifen der Abhänge bildet den Bereich des Quellwassers. Schon in ferner Vergangenheit haben die Menschen dort das Wasserrad angelegt, um die Mühle und die Schmiede zu betreiben: Nagelschmiede, Giesserei und Schlosserei wurden um diese natürliche Kraftquelle gruppiert.

Das Eisen kommt in Gebirgsgegenden überall häufig vor; der Wald liefert das Brennmaterial. Die Industrie hat sich dort niedergelassen, wo die Kraft der Quellwasser nutzbar gemacht werden konnte.

Der Wald geht schliesslich durch extreme Nutzung zugrunde. Gesetze verbieten eine weitere Nutzung. Die Industrie im Tal muss ihre Produktion einstellen.

Doch etwas Unerwartetes ereignet sich: die Entdeckung der Dampfmaschine. Die Dampfmaschine kommt ins Tal, gesellt sich zur Mühle, und die moderne Industrie ist geboren. Später ersetzt der Elektromotor den Dampf. Und plötzlich sind moderne Industrien in den Tälern schlecht gelegen. Andere Industrien sind in die Städte eingedrungen oder haben sie umschlossen und die gegenwärtige missliche Lage hervorgerufen.

Der Untergang einer Zivilisation und der Anbruch einer neuen sind von mechanischen Erfindungen gekennzeichnet. Es geht uns darum, den wirtschaftlichen Ablauf der regelmässigen Leistungen einer über das ganze Gebiet verteilten Gesellschaft aus der gegenwärtigen Verworrenheit herauszulösen.

Es muss ein Massstab angegeben werden, der erlaubt, den Wert der Lösungen zu beurteilen.[3] Die ASCORAL (Association de constructeurs pour un renouvellement architectural) vertritt folgenden Standpunkt:

Der Wirkungsgrad wird nicht im Hinblick auf das *Geld,* sondern auf den *Menschen* gemessen.

Produktion

a) Bodenprodukte – Agrarwirtschaft;
b) Maschinenerzeugnisse – Industrie.
   (Weiterverarbeitungen)
c) Austausch und Verteilung – Handel

Bebauung

A) Bauernhöfe, Dörfer und Landwirtschaftszentren;
B) Industriestädte;
C) Städte für öffentliche und private Verwaltung,
   Handelsstädte,
   Städte für Wissenschaft und Kunst,
   Regierungsstädte

Die Umwälzungen der gegenwärtigen Zeit
führen also, entsprechend unserem Normalmass
(der Mensch, das Wohl des Menschen) zur Überprüfung und Harmonisierung der Lebensbedingungen.

	Verpflegung	das Wirtschaftliche
Lebensbedingungen	Wohnung und ihre Verlängerungen	das Patriarchalische
	Geselligkeit	das Geistige

Diese verkürzte Darstellung in drei Spalten enthält die eigentlichen Elemente einer geistigen und technischen Doktrin der Städteplanung. Die günstige Wahl der *Lebensbedingungen* ist das Endziel, auf das unsere Unternehmen bis ins Kleinste hin ausgerichtet sind. Das Ergebnis einer Bilanz, die letztlich Lebensfreude oder keine bedeutet. In den drei Faktoren der zweiten Spalte ist ein Teil der Agrar- und Industrieprobleme miteinbezogen, die das Wirtschaftliche ins Spiel bringen; die Verpflegung hängt mit dem Magen zusammen, d.h. mit dem Lebewesen und seinen täglichen Bedürfnissen. Das Problem der Wohnung und ihrer Erweiterung berücksichtigt die menschliche Fortpflanzung. Hierbei ist ein wesentlicher Teil der instinktiven Kräfte und des Empfindungsvermögens engagiert: das patriarchalische Gefühl. Die Geselligkeit bewirkt die Bildung kleiner oder grosser, unabhängiger oder geeinter Gruppen, in denen das geistige Erbe weiterbesteht. Diese auf ihren höchsten Stand gebrachte Lebensbedingung wird uns auch weiterhin beschäftigen, jetzt, da in unserer Arbeit die drei grossen Elemente gegenwärtig sind: das Wirtschaftliche, das Patriarchalische und das Geistige.[4]

Die bäuerlichen Zentren

Erforschen wir das Agrarphänomen gemäss dem *Gesetz der Geschwindigkeit*.
Warum sollten wir uns diesem Gesetz der Geschwindigkeit unterwerfen? Verschiedene und widersprüchliche Lösungen für den landwirtschaftlichen Aufschwung sind vorgeschlagen worden. Da sie aber in das unentwirrbare Netz der Speziesfälle verwickelt sind, scheint allen ein unbestreitbar wichtiger Faktor zu fehlen. Setzen wir also hier von neuem ein und stellen fest, was in der Agrareinheit strikte dem Gesetz der vier Stundenkilometer unterliegt: das Vieh und der Hirte. Die dazu gehörige Einrichtung: der Stall, die Scheune, der Futtersilo, das Vorratshaus und die Futterküche für das Vieh, die Unterkunft der Hirten. Das Territorium: die Weideplätze. Sodann stellen wir fest, wer von dem Gesetz der fünfzig bis hundert Stundenkilometer profitiert. Die landwirtschaftliche Zentrale, um die sich die Molkerei, der Silo für landwirtschaftliche Produkte, die Mechanikerwerkstatt, der Schuppen für landwirtschaftliche Maschinen und Ackergeräte und der Gewerbebetrieb gruppieren. Ferner gehören dazu das Hauptwohngebäude, das Lebensmittelgeschäft, die Schule, die Jugendwerkstatt und der Klub mit dem Sportgelände.

Diese ländlichen Gruppierungen sind noch kaum realisiert. Sie lassen aber voraussehen, welche Form von Güterzusammenlegung und Verteilung dem bäuerlichen Leben Aufschwung geben kann. Da sind zunächst die von der geografischen Lage bestimmten Weideplätze. Sodann in der Nähe der grössten Strasse das Genossenschaftszentrum. Endlich die mechanisierten Kulturen und die Obst- und Gemüsepflanzungen zum Eigengebrauch.

Die Industriestadt

Gehen wir zur Industriestadt über, wo die Rohstoffe verarbeitet werden.
In dieser Studie haben wir eine Bestandsaufnahme der Arbeitseinheiten gemacht und ihre spezifischen Formen kennengelernt: Werkstätten, Fabriken, Industriefabriken. Sie liegen möglichst nahe an den Durchfahrtsstellen der Rohmaterialien und Waren.
Als Transportwege merken wir uns: Wasserweg, Landweg, Eisenbahn, entweder unabhängig voneinander oder je zwei und zwei, besser noch, alle drei an jenen Orten kombiniert, die durch die geografischen Verhältnisse der Region des Landes oder sogar einer Ländergemeinschaft be-

stimmt sind. Im nächsten Kapitel wird dieser Entscheid durch die Humangeografie deutlicher gemacht.

Der Wasserweg, Hauptader des modernen Schwerverkehrs, verbindet dann harmonisch zwei bisher antagonistische Erscheinungen, deren eine, die Industrie, auf Kosten der anderen, der Landwirtschaft, lebte.

Wir erinnern daran, dass es bei dem Problem darum geht, bessere Lebensbedingungen zu schaffen.

Schlechte Bedingungen:

a) Lärm und Unordnung;
b) völliges Fehlen der Naturbedingungen;
c) weit entfernt liegende Wohngebiete und damit verbunden die tägliche Benutzung von Beförderungsmitteln, die für den Benützer belastend und für die Gesellschaft letzten Endes kostspielig sind;
d) Landflucht.

Gute Bedingungen:

a) Ordnung und Sauberkeit;
b) Wiederherstellung der Naturbedingungen;
c) nahgelegene Wohnorte und Abschaffung des Pendelverkehrs;
d) echter und harmonischer Kontakt mit dem bäuerlichen Leben.

Falls diese günstigen Lebensbedingungen erfüllt

werden, herrscht die Gesellschaft über ihre Maschinen und ist Herrin ihrer Industrie. Die Industriestädte, bisher ein Ort der Hässlichkeit und des Lärms, werden zu Orten, die eine optimistische Arbeitsauffassung begünstigen ("grüne Fabriken").

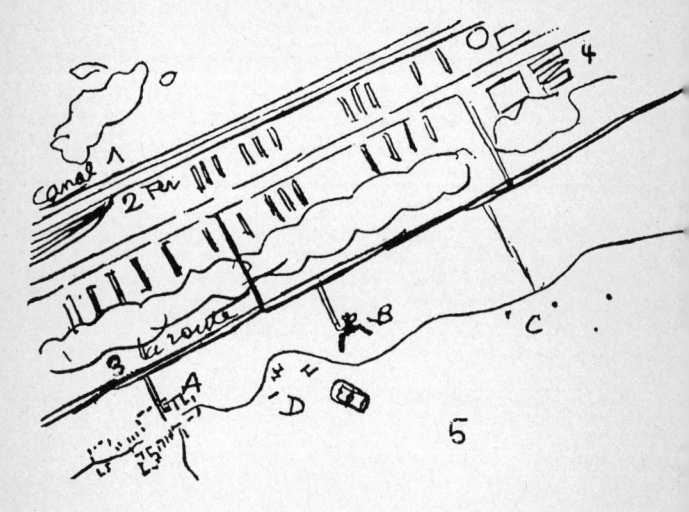

Abb. 28

Die Skizze zeigt:
1. den Kanal oder den Fluss;
2. die Eisenbahnlinie;
3. die Strasse;
4. die Werkstätten, Fabriken und Industriefabriken;

5. die Schutzzone;

A) Wohnungen in horizontaler Gartenstadt;
B) Wohnungen mit Gemeinschaftsdienst in vertikaler Gartenstadt;
C) halb ländliche Wohnungen;
D) verschiedene Erweiterungen der Wohnung: Schulen, Jugendwerkstätten, Klubs, Sportplätze etc.

Hier erfassen wir das Kernproblem: wenn die Industrie sich in diesen Konzeptionen nach bester Möglichkeit entwickelt, findet auch das Wohnproblem seine optimale Lösung. Das vielfältige Angebot verschiedener Wohnformen gestattet die — endgültige oder temporäre — Wahl nach Alter und Stand, nach dem persönlichen Geschmack oder Temperament und entspricht den Äusserungen der Persönlichkeit.

Im Lauf unserer Untersuchung werden bald noch andere Möglichkeiten auftauchen.

Die lineare Industriestadt hat ihre genaue Biologie. Sie steht in Berührung mit dem Raum (der Region und dem Land) und der Zeit (Vergangenheit, Gegenwart und Zukunft). Die Suche nach ihren Durchgangsstellen führt uns wieder zum Wasserweg, zur Landstrasse und zur Eisenbahnstrecke. Die rationale Weglänge, die wir hier suchen, schneidet oder trifft wieder die alten Grundrisse.

Die Linearstadt wird also da unterteilt, wo sie ehemaligen Hauptorten oder Marktflecken begegnet, die an den Wegkreuzungen errichtet worden waren. Es sind Knotenpunkte mit regem Handel. Sie werden zum Ausgang der Linearstadt in die Weite und Tiefe des Landes und zum Berührungspunkt mit der Gesellschaft.

Ein anderer heilsamer Kontakt ist der regelmässige Kontakt mit der Erde; der Gang zu Fuss zu den Bauern; direkte Begegnung einer Industriegesellschaft mit einer unmittelbar angrenzenden bäuerlichen Gesellschaft. Welcher Art ist dieser Kontakt? Es ist kein trügerischer Versuch, zwei Lebensordnungen miteinander zu verquicken, die an verschiedene Zeitdimensionen gebunden sind. Der Fabrikarbeiter untersteht dem Gesetz des *Sonnentages* von *vierundzwanzig Stunden,* der Bauer ist an das Gesetz des *Sonnenjahres* gebunden. Diese Regeln bedingen Verhaltensweisen, die voneinander abweichen und sich nur schwer auf einen Nenner bringen lassen.

Die Kontakte werden gesellschaftlicher, nicht beruflicher Art sein; es geht hier nicht um Hände, die sich in der Arbeit vereinen, sondern um die geistige Idee einer guten, nachbarlichen Beziehung. Auf diese Weise wird eine Einheit des Denkens hergestellt, die mit der alten feindlichen Gegenüberstellung von Bauer und Fabrikarbeiter aufräumt.

Die vorangehende Skizze verweist auch auf einen endgültigen Beschluss: die lineare Industriestadt erstreckt sich nur auf *einer* Seite der Durchfahrtswege. Wäre es anders, würden die Verkehrswege öfters unterbrochen, was hinderlich und gefährlich wäre und die Konzeption, dem Landleben die *andere* Seite der Wege einzuräumen, wäre nicht realisiert.

Die Linearstadt besitzt die besten modernen Verkehrsmittel für Personen, Materialien und Erzeugnisse. Diese sollten unabhängig von anderen weitläufigeren Verkehrsnetzen die Stadt erschliessen und damit einen gut funktionierenden und eventuell kostenlosen Gemeinschaftsdienst für alle Stadtbewohner einführen.

Für jeden Abschnitt der Linearstadt ist eine Schutzzone vorgesehen. Darin ist ein Gebiet für Landschaftsgestaltung vorbehalten, das verschiedenen gegenwärtigen oder zukünftigen Zwecken dienen soll.

Freizonen, die im Bau der Linearstadt eingeplant worden sind, trennen die Linearstadt von der nächsten Siedlung. Die Reaktion der linearen Stadt auf die alte Siedlung und umgekehrt kann sehr verschieden sein, je nachdem, welche Bedeutung die beiden Städte für einander haben.

Sie wird sicher gut sein, wenn die Kontaktmöglichkeiten der beiden Städte gut vorbereitet worden sind.

Die radialkonzentrische Stadt kann als bestehender Kern zehntausend bis eine Million Einwohner aufnehmen.

IP auf der Abbildung 29 zeigt die Freizone, die der Erholung dient. In diesem grossen verfügbaren Raum, der mit Wald, Feldern, Wiesen und Obstgärten bedeckt ist, können unter ausnahmsweise glücklichen Bedingungen Nebenbauten der linearen Industriestadt errichtet werden, wie technische Fachschulen, Laboratorien, Vereins-

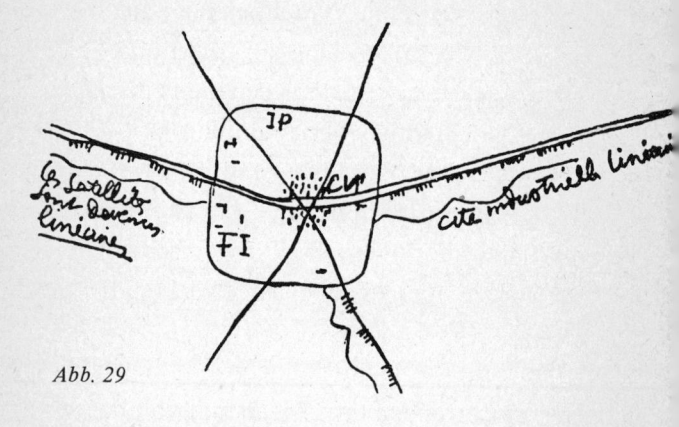

Abb. 29

oder Gewerkschaftslokale, sowie Einrichtungen zur Körper- und Geistespflege: Stadien für grosse Wettspiele, Bibliotheken, Theater, kurz: Teile eines geistigen Zentrums, das sich je nach den Um-

ständen und Bedürfnissen auswirkt. Die alte
Siedlung wird einen Teil der neu gebauten Institute und Anlagen mitbenutzen können. Es gilt
aber auch das Umgekehrte: die Agglomeration,
die ein starkes geistiges Potential besitzt, stellt
der linearen Stadt die wertvollen Hilfsmittel
ihrer Einrichtungen und ihrer Tradition zur Verfügung.

Man sollte sich merken, dass die Industriestadt
innerhalb der gegenseitigen Beziehungen zum
"linearen Satelliten" der radialkonzentrischen
Stadt geworden ist. Diese Strukturformel wird
die radialkonzentrischen Satelliten ablösen, die
von einigen heutigen Theoretikern vorgeschlagen
worden sind, sich bei näherer Untersuchung
aber nur als gefährliche Illusion erweisen.

Es ergibt sich die Schlussfolgerung (Abb. 30):

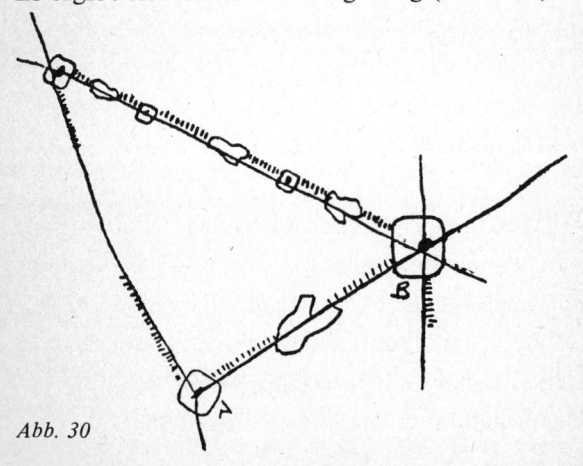

Abb. 30

entlang der eigens für sie vorgesehenen Strasse erstreckt sich die lineare Industriestadt, die von dazwischen liegenden Marktflecken unterteilt wird. An den Wegkreuzungen mündet sie in die radialkonzentrische Stadt.
Sodann wollen wir das Muster der Strassenabschnitte genau betrachten: die sich ergebende Figur ist ein Dreieck. Dieses Dreieck umschliesst das bäuerliche Leben.
Die harmonische Überbauung des Bodens wird in gegenseitiger Achtung von Bauernschaft und Industrie verwirklicht. Dennoch bleibt eine grosse, für die Vitalität des Landes folgenschwere Entscheidung zu treffen, da sie sich auf die Art seines gesellschaftlichen Gefüges auswirkt: welche Weite soll das hier vorgeschlagene Dreieck haben, das das bäuerliche Leben enthält? Sollen die Seiten des Dreiecks fünfzehn, dreissig oder hundert Kilometer lang sein? Soll neben einer perfektionierten und harmonisch aufgebauten Industriestadt eine bedeutende Landreserve beibehalten werden?
Im Abschnitt *Die bäuerlichen Zentren* haben wir gezeigt, dass der Bauernstand aus der Einsamkeit seiner Gehöfte herausgeholt werden kann, und dass aus diesen neuen Anordnungen ein vortrefflicher Geist erwachsen könnte, ein Geist, der, obwohl von Grund auf verschieden, von

gleichem Wert und von gleicher Spannkraft ist
wie jener, der aus der Organisation der in lineare
Städte aufgegliederten Verarbeitungsindustrien
entstanden ist. Deshalb können die Landreserven
gross sein. Eine starke Lebenskraft wird dort eindringen
und sich behaupten.

Damit sind wir am Ende unserer ersten städtebaulichen
Untersuchung, die uns zu gültigen Vorschriften
für die Überbauung des Bodens geführt
hat.

Diese Vorschriften leiten unsere Bestrebungen,
eines Tages die theoretischen und in Planskizzen
eingezeichneten Lösungen in lebendige umzusetzen.

Kapitel 8

Die drei hauptsächlichen modernen Siedlungsformen

Der Augenblick des Umbruchs scheint gekommen, in dem sich eine Gesellschaft mit den für ihr Gleichgewicht notwendigen Einrichtungen ausstattet.
Infolge von Störungen und Fehlentwicklungen lebt der Mensch noch heute in einer unangepassten und in Frage gestellten Umgebung. Die Unordnung ist jedoch so offensichtlich, das Unbehagen und die bedrohliche Lage so unbestreitbar, dass ein Geist der Synthese heute als Mittler eingreifen muss, der uns die Richtung weist für die Durchführung unserer nächsten Unternehmen.
Wenn man von den Bedürfnissen und der Lebenshaltung einer technischen Gesellschaft ausgeht, wird man die Überbauung des Bodens neu überdenken müssen. Im modernen Arbeitsleben zeigen sich drei bestehende Formen menschlicher Gruppierungen. Sie entsprechen der Art der täglichen Arbeit, der Lebensregeln, der Gesetze des menschlichen Geistes und der Natur und dem zwischen Mühe und Lohn zu erreichenden Gleich-

gewicht. Es ist nichts anderes als die Stunden, Tage und Jahre eines Lebens, das einsichtsvoll den Bedingungen angepasst ist, die uns umgeben und uns den Weg weisen.

Diese drei Formen sind eng mit der Arbeit der Menschen verbunden.

1. Die Agrarform schreibt die *landwirtschaftliche Betriebseinheit* vor.
2. Die Gruppe, welche die Rohstoffe bearbeitet, bestimmt die Industriestädte – *die linearen Städte*.
3. Die Gruppe des Handels bestimmt die Städte der Verwaltung, der Geisteskultur, der Regierung und schafft eine Neuordnung der *radialkonzentrischen Städte*.

Drei Grundeinheiten, die nach von der Natur abgeleiteten Regeln über den Boden verteilt sind und deutlich voneinander unterschieden werden können. Wenn wir diesen Unterschied machen, können überlieferte Wahrheiten, die heute verloren gegangen sind, wieder gefunden werden. Der Mensch nähert sich dann wieder der Übereinstimmung mit seiner geistigen Einstellung und fügt sich harmonisch in die Gesamtheit der Naturgesetze ein. Natur, Kosmos und Mensch sind erneut in Einklang gebracht, Tun und Denken, Handeln und Verhalten sind ungezwungen. Nach dieser Harmonie sollte die heutige Zivilisation streben.

Die drei Einheiten: landwirtschaftlicher Betrieb, lineare und radialkonzentrische Städte stellen die Grundordnung der gegenwärtigen Gesellschaft dar.

a) Das Land ist übersät mit Kreuzungspunkten von Strassen und Wegen, die aus der geografischen Lage und der geschichtlichen Situation stammen. Es sind Orte, an denen die Menschen auf wirtschaftliche Weise die *Verteilung* und den *Austausch* fördern. Was kann verteilt und ausgetauscht werden? Die Autorität, Ausstrahlung und Konzentration: die *Regierungsstadt.* Das Denken der Meinungsaustausche, die Diskussion: die *Stadt geistigen Lebens,* Waren und Geld: *Handelsstädte.*

b) Der Rohstoff wird da verarbeitet, wo natürliche Kräfte verfügbar sind und wo Transport- und Lagerungsmöglichkeiten bestehen.

Die Schrittgeschwindigkeit des Menschen und der Zug- und Reittiere hat das Handeln früherer Jahrtausende bestimmt und der Welt einen gelassenen Rhythmus vorgeschrieben. Der Transport der Waren erfolgte:

über die Landstrasse,

über einen relativ unsicheren Wasserweg (Fluss oder Kanal), auf offener See (Segelschiffahrt).

So war es schwierig, genügende Mengen von Rohmaterial zu lagern, die Verteilung funktionierte schlecht oder spärlich wegen des langsamen Transportes, welcher der Weite der Länder und Meere nicht entsprach. Es zirkulierten nur wenig Rohstoffe und deshalb auch wenig Güter. Die Industriestadt existierte de facto noch nicht, es gab nur Werkstätten, Manufakturen oder Gewerbebetriebe, die dort eingerichtet wurden, wo es Arbeit, Verpflegung und einen Konsumentenkreis gab. Zuerst führten der Dampf, später die Elektrizität die Industrie endgültig im 19. Jahrhundert ein und schafften die zwanzigfachen Transportgeschwindigkeiten für die Produktion (Eisenbahnen, Dampfschiffahrt, Beförderung auf asphaltierten Strassen). Im 20. Jahrhundert kommt das Flugzeug hinzu. Die Elektrizität bringt die unbegrenzten Geschwindigkeiten von Telegrafie, Telefon und Radio. Rohstoffe und Waren werden mit grosser Umsatzsteigerung abgesetzt, jedoch willkürlich und verantwortungslos. Die Erde wird durch eine Inflation von Produkten, Angeboten und Bestellungen überschwemmt oder durch das Ausbleiben derselben trockengelegt. Inmitten solcher Verwirrung treibt die Habgier ihr Unwesen und Ausbeuter und Ausgebeutete stehen sich als feindliche Klassen gegenüber. In den Städten führt es zu chaotischer Verdichtung, auf dem Land zur Verödung.

Negative und unheilvolle Gründe, die weiter oben erklärt worden sind, und positive Gründe führen dazu, die Industriestädte, in denen Rohstoffe weiterverarbeitet werden, an den Durchgangsstellen des Güterverkehrs anzulegen. Sie allein sind die einzigen erträglichen Satellitenstädte, die vom konzentrischen Phänomen losgelöst, konträr, an die kontinuierliche Linie gebunden sind. Auf diese Weise gestatten sie die Aufnahme fruchtbarer Kontakte zwischen Konzentrations- und Verteilungsorten und den unzähligen, über das Land verstreuten, bäuerlichen Parzellen. Eine lineare Erscheinung, die durch einen Versuch von Humangeografie bestätigt wird.
c) Bis zum 20. Jahrhundert entging das Landleben weitgehend den Folgen der erhöhten Geschwindigkeit.

Wir überprüfen hier das Phänomen der unterschiedlichen Geschwindigkeiten von Stadt und Land, denn es ist die eigentliche Ursache der sozialen und städtebaulichen Unordnung und zugleich das Mittel, jene zu beheben. Die Gemeinde ist die natürliche, der staatlichen Verwaltung entsprechende menschliche Siedlungsform. Hier geht es um die Landgemeinde. Solange die vier Stundenkilometer auf unebenen, holprigen Landwegen, und je nach der Art des Bodens (Topografie oder Klima), herrschen, war die

Ausbreitung der Gemeinde klar durch die begrenzten Transportmöglichkeiten innerhalb des Vierundzwanzigstundentages begrenzt. Dann kamen der Strassenbelag und der Motor auf, d.h. Geschwindigkeiten von fünfzig bis hundert Stundenkilometern; der Aktionsradius der Gemeinde kann sich erweitern. Das kann die Zusammenlegung mehrerer Gemeinden mit sich bringen, die ein neues landwirtschaftliches Zentrum schaffen. Die Kulturen, die auf die asphaltierte Strasse und den Motor angewiesen sind, bedienen sich ganz neuer Methoden, die mit dem weltweiten Rhythmus und Geist übereinstimmen. Obwohl sich die Geschwindigkeit der fünfzig bis hundert Stundenkilometer auf eine neue Übereinstimmung von Arbeitsverteilung und Lagerung der Bodenprodukte beruft, bewahren die jahrtausendealten vier Stundenkilometer bei einer Agrareinheit die Oberherrschaft: bei der Weide. Bei einer Neueinteilung des Landes müssen einerseits der Weideplatz mit seiner Herde, seinen Hirten und Stallungen, anderseits die landwirtschaftliche Zentrale mit dem Silo für die Bodenerzeugnisse, der Molkerei, der Werkstatt und dem Schuppen für die mechanischen Werkzeuge, dem Lebensmittelkonsumhaus, dem Wohngebäude der bäuerlichen Familien, dem Klub und seinen bildungsfördernden und sportlichen Einrichtungen berücksichtigt werden.

Kapitel 9

Ideenskizzen zu einem Statut für Städteplaner und Architekten

In dieser Studie ging es kein einziges Mal um Ideen und Dinge, von denen man sagt: das ist so, weil es so üblich ist — ein akademischer Wertbegriff, der uns in Verwirrung bringt und dessen Ursache mangelnde Voraussicht ist. Man muss neuen Gebilden, die einer neuen Forderung von Funktionen entsprechen, die Chance geben, zu entstehen und sich zu entwickeln. Was man zu Recht verlangen kann, sind gesunde Lösungen. Dies wäre nun Aufgabe verantwortungsbewusster Journalisten, die neuen Forderungen einem breiten Leserkreis vorzustellen, zu erörtern und nach Lösungen zu suchen. Doch wieviele dieser einfachen Zeitungsschreiber befassen sich mit einer Materie, die sie nicht kennen, und von der sie auch keineswegs echte Information oder Untersuchung wünschen und suchen, da sie entschlossen sind, nichts an einem Standpunkt zu ändern, der die Grundlage ihres Broterwerbs ist.
Diese Probleme sind ernst, und es ist nicht jedem gegeben, darüber zu urteilen. Aber dann soll

Herr Jedermann, wenn er sich in den Zeitungen
des Landes verbreitet, vernünftig reden! Er
ruft Montesquieu, Ronsard, Watteau und den
Durchschnittsfranzosen zu Hilfe. Er drischt
Phrasen des "Grand Siècle", riesige Satzgefüge
und kunstvoll verzierte Wendungen.
Gut versteckt hinter ihrer Zeitungsspalte säen die
Schreiber Panik und Zweifel und schaffen jene
negative geistige Einstellung, die zu Kritiklosigkeit
und Unsicherheit führen.
Andere, die ungeduldiger sind und Leistungen
vollbracht sehen möchten, denken, sie könnten
den Lauf der Dinge durch Untersuchungen und
Berichterstattungen beschleunigen. "Wird Frankreich seine Revolution der Baukunst durchsetzen?"
Die Frage ist an "unbekannt" gerichtet, wird
aber auch dem Scharfsinn einiger hoher Persönlichkeiten vorgelegt. Enttäuschende Erfahrung über
moderne Malerei, moderne Dichtung und Musik.
Der Gegenstand, der uns beschäftigt — der Bereich
des Bauens — ist ein technischer, aber wir haben
gleichzeitig festgestellt, dass er mit einem Teil des
Bewusstseins verknüpft ist. Die Antworten bringen
eine gefühlsmässige Reaktion zum Ausdruck, die
sich auf eine unzureichende, mangelhafte, ja sogar eindeutig irrige Information stützt. Das ist verständlich, weil es sich bei dieser Frage um Objekte
handelt, die für die Zukunft geplant sind, und

von denen nur Beweisstücke in Form der schon
erwähnten Laborarbeiten existieren, die aus fragmentarischen Probeentwürfen der letzten hundert
Jahre bestehen. Die Befragten haben keine oder
nur wenig Ahnung von der Sache. Ihre Abhandlung
ist voller Fehler, ihre Schlüsse voller Irrtümer. Die
Berichterstattung ist genau so gefährlich, weil die
behandelten Gegenstände die beiden Punkte eines
Vergleichs bilden, von denen der eine *bekannt*
ist (der herkömmliche Gegenstand), der andere
unbekannt (das vorgeschlagene Bauobjekt). Das
Ergebnis kann im einen wie im anderen Sinne
verfälscht sein, je nachdem, ob es sich auf einen
konservativen oder einen fortschrittlichen Geist
beruft. Ein typischer Beweis dafür wurde vor
kurzem durch die Antwort von Auguste Lumière
erbracht. Es war eine rührende Antwort, weil
soviel Sorgfalt darauf verwendet war, eine Antwort des achtzigjährigen Gelehrten, der es für
seine Pflicht gehalten hatte, den jungen Leuten
im ECHO DES ETUDIANTS einen Beitrag aus
seiner Erfahrung zu liefern. Es war auch eine
verhängnisvolle Antwort, weil sie sich auf eine
völlig falsche Information stützte, was um so
enttäuschender war, weil sie vom Autor der
FOSSOYEURS DU PROGRES stammte. Der
Hauptsache nach verwirft Auguste Lumière
die als Wohnbauten entworfenen Hochhäuser

aufgrund der in New York gemachten Erfahrung. Und doch war die Untersuchung genau, sie betraf die Billigung von Wohnblöcken von fünfzig Meter Totalhöhe, die an die Stelle der Häuser von dreissig bis fünfunddreissig Meter Höhe inkl. Giebel treten sollten. Auguste Lumière erhob Einspruch dagegen, indem er sich auf den amerikanischen Wolkenkratzer berief, der jedoch dreihundert Meter hoch ist und niemals Wohnungen beherbergt hat, sondern ausschliesslich Büros, und der direkt am Rand alter Strassen oder Alleen geplant wurde, wo er dann den Verkehr vollkommen blockierte. Vom Gedanken an die städtebauliche New Yorker Katastrophe geleitet, empfiehlt Auguste Lumière Frankreich das eingeschossige Einfamilienhaus, das verstreut liegt, und das kostspielige Verbindungswege und Verkehrsmittel braucht.

Der Vorschlag des Gelehrten führt dahin, die Erfahrung der letzten fünfzig Jahre, die die Städte und ihre Bevölkerung in eine Sackgasse geführt hatte, zu wiederholen.

Der Mangel an Information beeinträchtigt das Handeln dieser Persönlichkeiten, deren Aufgabe es wäre, in dieser Sache Beschlüsse zu fassen und Anordnungen zu treffen: Minister, hohe Verwaltungsbeamte, Leiter grosser staatlicher Bildungsstätten.

Das Problem reicht weiter. Die ASCORAL malt
in grossen Zügen ein Bild des betreffenden Themenkomplexes. Die ersten hundert Jahre Technik
riefen den Ingenieur auf den Plan und räumten
ihm eine immer grösser werdende Autorität ein.
Während sich dieser Zweig einer wissenschaftlichen Disziplin glänzend entfaltete, steckten die
Architekten in einer Krise, weil sie sich nicht
durchsetzen konnten mit ihren Ideen. Dennoch
wird bald die Stunde des allgemeinen Aufbaus
schlagen. Der Architekt, der früher Chef war, wird
in der heutigen Zeit zwei neue Helfer neben sich
dulden müssen: den Stadtplaner und den Ingenieur.
Architekt, Stadtplaner und Ingenieur bilden ein
Dreigespann mit einem einheitlichen Statut. Hier
eine Ideenskizze zu einem solchen Statut:

Die Fachleute des Grundrisses

Verwaltungsbeamte — Architekten — Stadtplaner/
Ingenieure.
1. Jedes Bauwerk appelliert in vielfältigen Beziehungen an die Wissenschaft vom Menschen und
der Materialien. Es braucht ebenso den Architekten wie den Ingenieur.
a) Jedes Bauwerk ist ein Abbild des menschlichen
Bewusstseins.

b) Es ist ein Ausdruck der Gesetze der Schwerkraft und der Festigkeit.

2. Beide, miteinander verbunden, dienen in einer Baueinheit einem grossen Teil menschlicher Tätigkeit: Obdach für geistige Arbeit, Institutionen, Menschen und Dinge. Und ausserdem dienen sie den Verkehrswegen, welche das eine mit dem andern verbinden.

Die Unterkünfte für geistige Tätigkeit sind:

_____
_____
_____

Unterkünfte für Institutionen:

_____
_____
_____

Die Unterkünfte für die Menschen sind:

_____
_____
_____

Verkehrswege sind die Landstrassen,
                             Wasserstrassen,
                             Eisenbahnen oder
                             Schienenwege,
                             Luftwege.

3. Dieses riesige Programm erfordert dringend notwendige und immer genauere Spezialisierungen.

Es kann nicht mehr von einem einzelnen erdacht und ausgeführt werden.

4. In jedem der zahlreichen Teilgebiete, aus denen sich dieses Programm zusammensetzt, sind Technik und Kunst unauflöslich verbunden, aber in verschiedenen Grössen, so wie es dem nahezu totalen Anspruch der Kunst und der künstlerischen Vorstellung einerseits, und dem nahezu totalen Anspruch der Technik anderseits entspricht: dort Würdigung der bildnerischen Kräfte, hier Feinheiten der inneren Struktur der Materie. Stellen wir also neben die zu vollbringenden Aufgaben die zur Verfügung stehenden Köpfe. Wenden wir uns, im Hinblick auf die Wirksamkeit, an die mit Intelligenz und Einfühlungsvermögen begabten Leute, die sich über das jeweilige Bauvorhaben einig geworden sind. Die Kompetenzen werden geprüft, und die Arbeit wird so verteilt, wie es der Vielzahl der Spezialausbildungen entspricht. Auf diese Weise wird die Reihenfolge der schöpferischen Wechselwirkung festgesetzt.

5. Der Beruf des Erbauers erweist sich in seinem ganzen Umfang eingestuft zwischen der Tätigkeit des Architekten und der des Ingenieurs: zwischen dem Nur-Architekten am einen und dem Nur-Ingenieur am anderen Ende der Stufenleiter; diese beiden äussersten Punkte vereinen sich indessen wieder bei den höchsten Anforderungen.

Daher sind die menschlichen Bauwerke Ausdruck der Einheit — einer Einheit, die jener vergleichbar ist, welche die Natur in ihren eigenen Bauwerken hervorbringt.

Im Altertum und bis in die jüngste Vergangenheit, vor dem gewaltsamen Einbruch der angewandten Mathematik und ihrer Folgeerscheinungen im Maschinen- und Produktionswesen, war es möglich gewesen, dass *nur einer* der Erbauer war. Er konnte eine Lage beherrschen, die ihn nicht mit ihrer Vielfalt erdrückte. Der Geometer (Altertum), der Baumeister (Mittelalter), der Architekt (Neuzeit) übernahmen Lösungen, die technisch einfach waren. So konnten einige geniale Männer, die mit ihrer künstlerischen Fantasie vereinte "Qualität" umfassend einsetzen. Sie konnten die ganze Verantwortung auf sich nehmen. Das hat sich mit der technischen Zivilisation geändert. Aufgrund dieser neuen Situation in der Geschichte der Konstruktion muss der Beruf des Architekten und der des Ingenieurs neu definiert werden, damit durch eine ausgewogene Verteilung der Aufgaben die untauglich gewordene Kraft der Verantwortung wiedergewonnen wird: ihre unerlässliche Macht, die auf jedem Sektor dem übertragen wird, dem sie zukommt.

Ein Mensch kann nur für das verantwortlich gemacht werden, was er versteht.

Die geistige Vorbereitung solcher "Verantwortlicher" wirft erneut das Problem der Ausbildung von Erbauern auf.
Weniger denn je handelt es sich um Vorstellungen oder futuristische Überlegungen. Es geht um den Unterschied zwischen Ideen und den heute möglichen Erfindungen, die zum Beispiel in den durch Kriegseinwirkung zerstörten Städten wie Rouen, Le Havre, Lorient, Dünkirchen, Tours anwendbar sind; anwendbar auf Paris, das ungeheuer gross geworden, auf Marseille, das in Unordnung geraten ist, auf Algier, das sich in einer gefährlichen Wachstumskrise befindet.
Alle technischen und geistigen Kräfte sind in der Städteplanung eingesetzt.
Um die Enge der Städte aufzulockern und Lebensfreude hineinzubringen, ist davon die Rede, unter gewissen Bedingungen Wohnblöcke von fünfzig Meter Höhe zu errichten.
"Niemals!" heisst es, die amerikanische Erfahrung rät davon ab.
Aber man ist weder über Amerika noch über das hier gestellte Problem informiert. (Abb. 31)

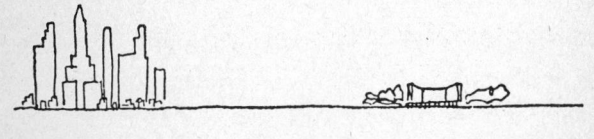

Abb. 31

Überdies, sollte Frankreich Angst vor der Höhe haben? (Abb. 32)

Abb. 32

Weit überragte Notre-Dame die spitzen Dächer der gotischen Häuser der Ile-de-France, und Ludwig XIV. errichtete das monumentale Val-de-Grâce auf dem kahlen Plateau von Saint-Jacques.
Noch etwas: Der Krieg hat ganze Stadtzentren zerstört: Orléans, Tours, Beauvais, Rouen etc. Nur Kirchen und Kathedralen sind stehen geblieben. Worum handelt es sich jetzt? Um den angemessenen Aufbau dieser Städte, der den Bedingungen des heutigen Lebens entspricht.
Diese Städte sind Durchgangs- und Übergangsstellen, aber auch Endstationen. Sodann muss man dem ehemaligen Stadtzentrum, dieser dem Erdboden gleichgemachten und also leeren Stadtmitte eine neue Bedeutung geben.
In dieser Mitte errichtet man, indem man die weiten, für den Verkehr notwendigen Bodenflächen erschliesst, die wenigen wichtigen Bau-

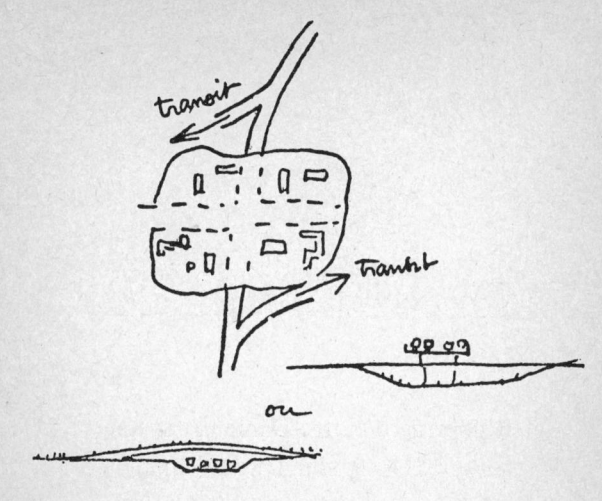

Abb. 33

werke, die für die Lebensfähigkeit der Stadt unerlässlich sind: das Geschäftszentrum und das Haus des Handwerks umgeben vom Marktplatz. Dieses Zentrum soll für zukünftige, wichtige städtische Organe vorbehalten bleiben.
Den freien Raum am Boden nutzen; den freien Raum aufsparen; durch die Raumwirkung die Dinge erhöhen.
In der Mitte des Raumes errichtet man einige zum Himmel aufstrebende Gebäude, die wir als schön und angemessen bezeichnen, ein Beweis von Optimismus, technischer und sinnlich wahrnehmbarer Kapazität: in Rouen wird diese Leere die Schönheit der Kathedrale glänzend zur Geltung bringen;

das zu erkennen und zu entdecken, muss man verstehen.

Grünflächen bedecken die durch Zerstörung leer gewordenen Stellen. Die Wohnungen liegen auf der anderen Seite des Flusses.

In Orléans wird ein architektonischer Entwurf von hoher plastischer Wirkung die wiedergewonnene Würde und Kraft bezeugen. (Abb. 34)

Abb. 34

Es kann tatsächlich in Erwägung gezogen werden, im Zeitalter von Stahl, Glas und Eisenbeton an bestimmten Orten einige grossartige architektonische Spitzenleistungen aufzustellen. Diese architektonischen Leistungen sind Ausdruck für das Leben der Städte und des Landes, genauso wie es früher die grossen Plätze mit ihren Zunft- und Rathäusern waren. (Abb. 35)

Abb. 35

Die vier Grosstädte Le Havre, Paris, Lyon und Marseille brauchen Geschäfts- und Verwaltungszentren, die dazu bestimmt sind, die beste Durchführung einer indiskutablen Funktion
— des Handels — zu verbürgen.
Man muss anerkennen, dass eine Überzeugung, eine Errungenschaft des Geistes, eine neue Gewohnheit, eine infolge gemachter Entdeckungen neu übernommene Lebensart nicht die alleinige Frucht einer Erfindung sind. Die Auseinandersetzung spielt dabei eine wichtige Rolle. Und diese Auseinandersetzung kann freundschaftlich wie bösartig und unredlich sein. Auf diese Weise siedelt sich im Leben eine Vorstellung an, wie sich in der Natur eine Pflanze entfaltet, deren Wachstum von der Kraft oder Qualität des Samenkorns und des Erdreichs abhängt.
Wenn Frankreich sich verpflichtet fühlen kann, hier seine Meinung, seine Schlussfolgerung vorzubringen, so nicht etwa deshalb, weil es seine

Erfinder zu hoch schätzt. Nein, sie gelten nicht mehr und nicht weniger als die Erfinder in anderen Ländern. Aber es bildet sich ein ganz besonderer Nährboden, der aussergewöhnlich reich und von menschlicher Resonanz erfüllt ist. Derselbe Boden bringt seine Weine, und auf die geistige Ebene übertragen, sein Denken hervor. Er ist es, der die Dinge dort so menschlich macht.

Diese Feststellung soll keine Schmeichelei oder Bestärkung für Wichtigtuer, Träge und Zufriedene sein. Im weltweiten Gefüge ist das Werk Frankreichs, – auch wenn dieses Land von aussen gesehen leichtlebig und sprunghaft ist – wie das Werk seiner grossen Männer ausserordentlich klar, fest und präzise. Es gibt hier weder Gehenlassen noch Nachlässigkeit, sondern Genauigkeit und einen klar bestimmenden Willen. Es herrscht der kartesianische Geist, Natur und Mensch befinden sich im Einverständnis, und nicht im Trug einer naturentfremdeten Gesellschaft.

Anhang

Biographie

Der Architekt, Städtebauer und Maler Charles
Edouard Jeanneret (genannt Le Corbusier) wurde
am 6. Oktober 1887 in La Chaux-de-Fonds in
der Schweiz geboren.
Seit seinem 18. Lebensjahr durchreist er Europa
und verbringt einige Monate im Atelier von
Auguste Perret.
1918 lässt er sich endgültig in Paris nieder, Frankreich wird seine Wahlheimat. Er malt seine ersten
Bilder, verficht eine neue ästhetische Doktrin,
den Purismus, und gründet die Zeitschrift
L'ESPRIT NOUVEAU, in der er seine architektonischen und bildnerischen Vorstellungen
verteidigt.
1924 eröffnet er ein Atelier in Paris, das bald
eines der Zentren der modernen Architektur wird.
Er bildet heute weltbekannte Architekten aus
wie José-Luis Sur und Oskar Niemeyer.
1929 baut er die Villa Savoye in Poissy, ein Meisterwerk an Kühnheit und Harmonie, das kürzlich
zum historischen Denkmal erklärt wurde.

1933 baut er den Schweizer Pavillon in der Cité Universitaire von Paris.

1943 redigiert er die CHARTA VON ATHEN, ein wahres Brevier für zeitgenössische Konstrukteure. Sonne, Grün und Raum werden darin als die drei Grundmaterialien des Städtebaus eingeführt.

Von 1945 bis 1950 schuf er das Musterbeispiel der Wohneinheiten von Marseille, die Cité Radieuse; darauf folgt die Erbauung von zwei anderen Wohneinheiten in Rezé-les-Nantes und in Berlin.

In den folgenden Jahren beginnt er den Aufbau der Verwaltungshauptstadt Chandigarh im Auftrag der indischen Regierung. Er erbaut die Kirche von Ronchamp, das Dominikanerkloster La Tourette, ein Gebäude für die Vereinigung der Spinnereibesitzer von Ahmedabad, sowie zahlreiche Wohnhäuser, Villen und Paläste.

Er ist Doktor honoris causa der wichtigsten Universitäten der Welt und Verfasser zahlreicher Arbeiten, in denen er seine Theorien darlegt und entwickelt.

Die Stadtbehörde von New York machte ihm das Angebot, einen Teil der Halbinsel Manhattan neu aufzubauen, um sie den veränderten Lebens- und Verkehrsnotwendigkeiten der modernen Stadt anzupassen.

Er stirbt am 27. August 1965.

Die wichtigsten ausgeführten Bauwerke

1923   Haus La-Roche-Jeanneret, Paris
1925   Pavillon de l'Esprit Nouveau, Paris
1929—31   Villa Savoye, Poissy
1930—32   Appartementhaus Clarté, Genf
1930—32   Schweizer Haus der Cité Universi-
            taire, Paris
1932—33   Nachtasyl der Heilsarmee, Paris
1933   Mietwohnblock an der Porte Molitor,
            Paris
1934—35   Centrosoyus-Palast, Moskau
1936—45   Erziehungs- und Gesundheits-
            ministerium, Rio de Janeiro
1947   UNO-Palast, New York
1947—52   Wohneinheit, Marseille
1950—53   Wallfahrtskirche Notre-Dame-du-Haut,
            Ronchamp
1950—61   Planung von Chandigarh, der Haupt-
            stadt des Punjab (Indien)
            Erbauung des Kapitols
            Hoher Gerichtshof
            Sekretariat der Ministerien
1953—55   Wohneinheit, Rezé-lès-Nantes

1954–56	Klubhaus der Textilindustrie, Ahmedabad (Indien)
	Bildungszentrum und Museum, Ahmedabad (Indien)
1955	Brasilianisches Haus der Cité Universitaire, Paris
1956–59	Wohneinheit, Berlin
1957–60	Kloster La Tourette, Eveux-sur-l'Arbresle
	Museum für westliche Kunst, Tokio
1961	Wohneinheit, Briey-en-Forêt
1961–68	Verschiedene Gebäude in Chandigarh:
	Parlamentsgebäude
	Schwimmklub
	Kunstgewerbeschule
	Museum und Kunstgalerie
1963	Zentrum für bildende Künste an der Universität Harvard, USA
1965	Haus für Kultur und Stadion, Firminy
1967	Maison d'Homme, Zürich (heute: Centre Le Corbusier)
1968	Wohneinheit, Firminy

Bibliographie

Etudes du mouvement d'art décoratif en Allemagne (Haefeli, 1911)
Après le cubisme. Hrsg. von Jeanneret/Ozenfant (Commentaires, 1918)
Vers une Architecture (Crès, 1925 et Vincent Fréal, 1958)
La peinture moderne. Hrsg. von Jeanneret/Ozenfant (Esprit Nouveau, 1925)
L'art décoratif d'aujourd'hui (Crès, 1925 und Vincent Fréal, 1958)
Urbanisme (Crès, 1925)
Almanach de l'architecture moderne (Crès, 1925)
Une maison, un palais (Crès, 1925)
Précisions sur un état présent de l'architecture et de l'urbanisme (Crès, 1930 und Vincent Fréal, 1960)
Clavier de couleurs (Salubra, 1931)
Croisade ou le crépuscule des académies (Crès, 1932)
La ville radieuse (Editions de l'Architecture d'aujourd'hui, 1935 und Vincent Fréal, 1964)
Aircraft (The Studio, 1935)
Quand les cathédrales étaient blanches (Plon, 1937 und Editions Gonthier, 1965)
Le lyrisme des temps nouveaux et l'urbanisme (Le Point, 1939)
Destin de Paris (Sorlot, 1941)
Sur les quatre routes (N.R.F., 1941)
La maison des hommes. In Zusammenarbeit mit F. de Pierrefeu (Plon, 1942)
Les constructions murondins (Chiron, 1941)
La charte d'Athènes (Plon, 1943 und Editions de Minuit, 1957)
Entretien avec les étudiants des écoles d'architecture (Denoel, 1943 und Editions de Minuit, 1957)
Propos d'urbanisme (Bourrelier, 1946)
Planning (The Architectural Press, 1948)
New World of Space (Raynal & Hitchcock, 1948)
Le modulor (Architecture d'aujourd'hui, 1949)
Poésie sur Alger (Editions Falaise, 1950)
Wohneinheit in Marseille (Le Point, 1950)
Ein kleines Haus (Girsberger, 1954)
Modulor II (Architecture d'aujourd'hui, 1955)
L'urbanisme est une clef (Editions Forces Vives, 1955)
Le poème de l'angle droit (Verve, 1955)

Les plans Le Corbusier de Paris 1922–1953 (Editions de Minuit, 1956)

Von der Poesie des Bauens (Arche, 1957)

Ronchamp (Girsberger, 1957)

Modulor T II, la parole est aux usagers (Architecture d'aujourd'hui, 1957)

Deuxième clavier de couleur (Salubra, 1959)

L'urbanisme des trois établissements humains (Editions de Minuit, 1959)

Das Atelier der geduldigen Forschung (Hatjie, 1960)

Orsay Paris (Editions Forces Vives, 1961)

Texte et dessins pour Ronchamp (Editions Forces Vives, 1965)

Le voyage d'orient (Editions Forces Vives, 1966)

Mise au point (Editions Forces Vives, 1966)

Kinder der strahlenden Stadt (Hatjie, 1968)

Les dernières oeuvres. Hrsg. W. Boesiger (Verlag für Architektur/Artemis, 1970)

Le Corbusier. Hrsg. W. Boesiger (Verlag für Architektur/Artemis, 1972)

Gesamtwerk in 8 Bänden. Hrsg. W. Boesiger (Verlag für Architektur/Artemis, 1973)

Anmerkungen

[1] Den glänzenden Beweis hierfür lieferten die in New York, Rio de Janeiro und London publizierten Arbeiten, die erst 1945 nach Paris gelangten. Sie verkünden, dass Brasilien sich mit seinen Regierungsbauten an die Spitze der modernen Architektur gestellt hat, nachdem es endgültig und erstmalig das Problem der Sonne in Einklang mit den Anforderungen des modernen Lebens in tropischen Ländern gelöst hatte. Nun, die Grundgedanken kamen aus Paris.

[2] S. Giedion: Space Time in City-Planning. Chap. IX, p. 559, herausgegeben von der Harvard Universität.

[3] Von Dr. E.T. Gillard vertretene Ansicht.

[4] Dr. E.T. Gillard "Synthèse Universelle".